KB201366

목사님!
전도가 너무 쉬워요 2
● 성도편 ●

목사님!
전도가
너무 쉬워요
● 성도편 ● 2

• 초판 1쇄 발행 2014년 7월 28일

• 지은이   손현보
• 펴낸이   조유선
• 펴낸곳   누가출판사

• 등록번호 제315-2013-000030호
• 등록일자 2013. 5. 7.
• 주소 서울시 강서구 공항대로 637 B-102(염창동, 현대아이파크 상가)
• 전화 02-826-8802 팩스 02-826-8803

• 정가 12,000원
• ISBN 979-11-85677-02-6

부흥 폭발하는 교회 성도들의 생생한 전도 이야기

목사님! 전도가 너무 쉬워요

● 성도편 ● 2

장년 20~30명 어촌 교회에서
오직 불신자 전도로 4,000명 이상의 성도가 출석하는 교회로 성장한
세계로교회 성도들의 전도 노하우를 전격 공개합니다.

출판사
누가

차 례

'목사님 전도가 너무 쉬워요'가 출판된 지 4년이 지났다.
지나간 4년도 기적의 시대가 되었다.
100여 명이 살고 있는 시골 마을!
바다를 매립하여 공장들만 있는 이곳에서
2010년에 815명이 예수 그리스도를 영접하고 세례를 받았다.
2011년에는 1037명,
2012년에는 1014명,
2013년에는 1004명이 세례를 받았다.
지난 4년 동안 3870명이 세례를 받았다.

사람들은 모두가 기적이라고 말했다.
도대체 그런 소문이 사실일까 의심하기도 했다.
지금 대한민국 땅에서 그런 일이 가능하냐고
되묻는 사람들도 있었다.
그러나 누가 불가능하다고 했는가?
예수 그리스도는 고기 잡는 평범 이하의 사람들에게
"너희는 모든 민족에게 복음을 전파하라."
"너희는 온 천하 만민에게 복음을 전하라."
"너희는 땅끝까지 내 증인이 되라."라고 하셨다.
이 촌사람들에게 '모든 민족', '온 천하와 만민', '땅끝까지'
이런 말들은 아마도 감이 오지도 않았을 것이다.

그러나 예수님의 제자들은 하나님을 신뢰하고 성령을 의지하므로
믿을 수 없는 일들을 역사 가운데 이루어 놓았다.
주께서 세상 끝날까지 함께 하겠다는데 무엇이 걱정인가?
주께서 함께 하겠다는데도 '못한다고' '할 수 없다고' '안 된다'고 하는
것은 하나님을 불신하고 무시하는 처사가 아닌가?

이 지역에 사람이 없다 보니 우리는 부산까지 가서 전도한다.
그리고 마산, 창원, 진해, 김해, 장유, 울산, 진주… 믿기지 않는 지
역도 전도한다.

그런데 믿을 수 없는 일을 했더니, 믿을 수 없는 기적들이 일어났다.
차를 타고 몇 시간씩 걸리는 지역에서도 한 번 나오면
그다음 주에 또 오고, 다른 사람들도 데리고 와서는
은혜 받아 감격하고 예수 그리스도를 영접하고 세례를 받았다.

조직폭력배 행동대장도 은혜 받고 변화되어 복음전파의 행동대장이
되고, 무당도 변화되어 전도 왕이 되고,
주지 스님도 예수님을 믿고 절에 신도들을 전도하고…

말로만 들으면 거짓말처럼 들리는 일들이
대한민국 땅에서 실제로 벌어지고 있는
이 사실에 대하여 눈이 의심스러운 것이다.
그러나 이 모든 것은 사실 그대로이다.
교회를 방문하는 사람들마다

"세상에 어떻게 이런 일이 이런 곳에서 일어날 수 있단 말인가?"
흥분을 감추지 못한다.
몇 주 전에는 용인에 살고 있는 한 가족이 휴가를 내어 찾아왔다.

"소문을 듣고 휴가를 내어 온 가족이 왔노라" 라고 말하면서
그들은 눈물을 흘리며 연신 "고맙습니다. 고맙습니다." 말했다.

'목사님 전도가 너무 쉬워요'가
담임목사인 나의 이야기가 중심이었다면
'목사님 전도가 너무 쉬워요 2'는
나와 똑같이 전도하여 한 구역이 1년에 수십 명씩 전도하여
구역을 부흥시키고 헌신하는 충성된 성도들의 기적 같은 이야기이다.
이 책은 평범 이하의 사람을 통하여 이 시골 마을에서 어떻게
사도행전의 기적을 만들어가고 있는가를 생생히 접할 수 있을 것이다.

희망을 상실한 한국교회에 조금이라도 용기를 줄 수 있다면 더 이
상 바랄 것이 없다.

"주여 이 민족을 불쌍히 여기소서!!"

_손현보

1장

우리가 어찌할꼬?

* * *

생활에서 본을 보여라

(가족, 지인, 동료 전도)

조직폭력배에서
복음의 행동대장으로

이학섭 집사(윤창현 교구, 이학섭 구역)

—

나를 기다리시다가 먼저 가신 육신의 아버지, 나를 포기하지 않으시고 기다리신 하늘 아버지를 만난 이야기입니다.

뱃일을 하셨던 아버지, 무척이나 가난하셨던 아버지, 술을 너무 좋아하셨던 아버지, 사랑하는 네 아들의 아버지. 그런데 지금 그분은 제 곁에 안 계십니다. 속만 썩이던 막내아들 이학섭. 바로 저 때문에 너무도 일찍 세상을 떠나셨기 때문입니다.

아버님은 네 아들을 모두 사랑하셨지만 그 가운데서도 막내인 저에게 남다른 관심을 보이셨습니다. 그러나 철없는 저는 아버지의 사랑을 깨닫지 못했습니다. 아버지는 직업상 배를 타셔야 했기 때문에 집에 머무시는 시간이 1년의 사분의 일 정도 밖에 되지 않았습니다. 게다가 어머님은 늘 몸이 편찮으셨습니다.

저를 낳은 이후 몸이 많이 상하신 탓입니다.

공부를 좋아하는 아이들이 흔치는 않지만 특히나 저는 공부와는 일찍부터 담을 쌓았습니다. 그뿐 아니라 친구들과 엉켜 다니면서 사고를 치고 급기야 고등학교 과정을 채 마치지 못하고 2학년 때 중도하차 하였습니다. 아버님은 그 충격으로 뇌졸중으로 쓰러지셨고 그 후 3년간 버티시다 결국 저희 곁을 떠나셨습니다. 불효자인 저는 아버님의 마지막 순간에도 그 곁을 지켜 드리지 못했습니다.

그 죄책감과 후회의 무게가 너무 큰 나머지 저는 평범한 사람들과는 전혀 다른 삶을 살게 되었습니다. 보통 사람들은 생각지도 못하는 일들, 영화에서나 볼 수 있었던 일을 하며 조직폭력배로 살았습니다. 보스에게 충성을 맹세하는 증표로 새끼손가락을 자르는가 하면, 마약에도 손을 대었습니다. 대신 큰돈을 주무를 수 있었습니다. 술집을 운영하면서 여러 가지 떳떳지 못한 방법으로 번 돈들입니다. 돈을 펑펑 쓸 수 있게 되자 세상이 다 내 것 같았습니다.

이렇듯 나름대로 잘나가고 있다고 생각했는데 예기치 못한 큰 사건이 터졌습니다. 제가 목숨 걸고 모시던 보스가 다른 파 조직에 의해 처참하게 살해당한 것입니다. 보스가 쓰러지면 조직도 흔들리기 마련입니다. 순간 조직원들 사이에 두려움이 퍼져나갔습니다. 아니나 다를까 제가 소속된 조직이 무너지기 시작했고, 조직원들은 하나둘 수감되었습니다. 저는 끈질기게 피해 다녔지만 막판에 잡혀 교도소 복역을 하게 되었습니다. 그동안 활개치던 제 삶은 차갑고 좁은 공간에 갇혀 옴짝달싹 못하는 신세가 되었습니다. 몇 년간 사귀던 여자도 떠나버렸습니다.

그런데 놀랍게도 끝까지 저를 떠나지 않고 보살핀 한 여인이 있었는데 그녀가 바로 지금의 제 아내입니다.

지금도 아내의 그 지극정성이 불가사의해 물어보곤 합니다.

"어떻게 날 기다릴 생각을 한 거야?"
"당신이 불쌍하다는 생각이 들었어요. 그래서 새벽마다 기도했어요."

제 아내는 저의 집안과는 천양지차였고, 그 집안에는 목회자도 여럿 있었습니다.

아내의 기도 덕분인지 저는 수감된 지 1년 만에 집행유예로 풀려나게 되었습니다. 그때가 2002년 10월 1일입니다. 사실 제 죄목으로 본다면 그렇게 풀려나올 수 있는 상황이 아니었습니다.

아내와 결혼하면서 제 삶이 새롭게 시작되었습니다. 제 결혼식장 풍경 역시 영화 속의 한 장면이었습니다. 어깨가 떡 벌어진 깍두기 머리의 동생들이 좌우로 정렬해 서 있었으니 장모님은 물론이고 일가친지들이 아마 깜짝 놀라셨을 겁니다. 그러나 조직생활에 익숙했던 저로서는 의리 있는 동생들의 축하를 받는 것이 지극히 자연스러웠습니다. 안타깝게도 제 어머님은 몸이 많이 편찮으셔서 결혼식장에 오시지 못했습니다.

이제 한 가정을 책임지는 가장이 되고 보니, 돈벌이를 생각해야 했습니다. 마산에 규모가 큰 룸살롱을 차렸습니다. 제게는 익숙하고, 자신 있는 사업이었고 당연히 벌이가 좋아 다시금 큰돈을 만지게 되어 이번에는 벌어들인 돈을 주로 부동산과 증권에 재투자했습니다. 그러나 경제 불황으로 제 사업은 직격탄을 맞아 룸살롱을 접고, 주식에 집중했습니다. 애널리스트를 두고 나름대로 머리를 써보았지만 저 역시 개미투자가에서 크게 벗어나지 못했나 봅니다. 한순간에 깡통 차고 말았습니다.

결혼은 삶의 현실의 장인지라 아내 역시 많이 힘들어했습니다. 아내는 결혼하면서 신앙생활을 다소 멀리하는 듯했습니다.
그러나 삶이 힘들어지니 자신의 영적 고향으로의 귀소본능이
작용했습니다.

"여보, 아무래도 교회에 나가야겠어요. 나를 챙겨주시는 집
사님이 계시거든요."
"그래? 당신이 그렇게 간절히 원하면 어쩔 수 없지. 대신 나
한테 교회 가자는 말은 절대 하지 말라고."

처음엔 짐짓 반대하는 척하다가 한마디 하고는 허락했습니다.

사실 교회 사람들이 우리 집에 드나드는 것도 못마땅했고,
아내가 교회에 열심일수록 제가 하는 일이 더 꼬이는 것 같았습
니다. 또한 내 눈에 비친 예수쟁이들은 가식덩어리였습니다.
'첨이니까 간이라도 빼줄 것처럼 저렇게 굴지만 두고 보라
고, 곧 지쳐서 나자빠질 테니.'
저는 교회 사람들이 제풀에 지쳐 더 이상 우리 집에 드나들
지 않기를 고대했습니다. 그런데 이게 웬일입니까? 제 마음이
서서히 움직이기 시작하지 뭡니까? 그때마다 속으로 저를 책망

했습니다.

'이학섭! 뭐하는 거야? 네가 누군데 그런 자잘한 친절에 마음이 흔들려? 그러면 안 되지.'

어느 날 장모님이 저희 집에 오셨습니다.

"이 서방, 나 좀 교회까지 태워다 주게나."

평생 교회 근처에도 얼씬하지 않으리라 다짐했던 저도 장모님의 부탁을 거절할 수는 없었습니다. 장모님을 모시고 교회에 갔다가 어쩔 수 없이 엉겁결에 예배에 참석하게 되어 '예배를 마치자마자 빨리 집으로 줄행랑치리라' 생각하고 있는데 구역장이라는 분이 이렇게 제안을 하시는 겁니다.

"오신 김에 목사님도 뵙고 가세요!"

결국 목사님까지 뵙게 되었습니다. 전혀 상상도 못 했던 일들이 꼬리에 꼬리를 물었고 게다가 목사님께서는 한 술 더 뜨셨습니다.

"이학섭 선생님, 교회에 계속 나오실 거죠?"

'맙소사! 계속이라니!'
그러나 저는 순한 양이라도 된 듯 엉뚱한 대답이 나왔습니다.

"예, 목사님."
"이 선생님, 장모님께 맛난 거라도 사드리세요."

난데없이 목사님은 봉투 하나를 건네며 말씀하셨습니다.
'교회는 돈을 갖다 바치는 곳인 줄만 알았는데 이렇게 주기
도 하네!'

이 사건 이후 아내는 의기양양해졌습니다. 눈치를 보기는커
녕 아예 드러내놓고 졸랐습니다.

"여보, 우리 목사님 모시고 예배드려요?"

교회까지 갔는데 집에서 예배드리는 것이 뭐 그리 대수랴 생
각하고 일단 허락했습니다. 그러나 머릿속으로는 빠져나갈 궁

리에 몰두하고 있었습니다.

'와서 예배를 드리든 말든 장사해야 한다는 핑계로 빠져나가면 되겠다.'

그런데 제 손과 발이 생각과 전혀 다르게 움직이고 있었습니다. 우리 집에서 예배를 드린다는 날 저는 열심히 집 안 청소를 하고 있는 것입니다. 마치 무언가에 홀린 듯이 말입니다.

여하튼 그날 예배는 제 인생에 큰 획을 그었습니다. 목사님은 저의 성격이나 스타일을 꿰뚫고 있는 듯한 제안을 하셨습니다.

"이 선생님, 일단 한 3개월간 교회의 모든 예배에 참석해 보시고, 이거다 싶으면 믿으시고, 아니다 싶으면 관두십시오."

이 얼마나 솔깃한 제안입니까?

3개월간 큰 맘 먹고 새벽예배부터 시작해서 각종 예배에 모두 참석했습니다.

'그래, 예수가 정말 있는지 내가 직접 확인해보지.' 하면서 그동안 내공처럼 쌓았던 오기를 한껏 부려보았습니다.

남들 다 자고 있는 시간에 새벽기도랍시고 엉덩이를 교회 의자에 붙이고 앉아 다들 열심히 기도를 하는데 기도할 줄 모르는 저는 그저 멀뚱멀뚱 다른 사람들 구경만 하다 오곤 하던 어느 날, 제 속에 막혀 있던 무엇인가가 '뻥' 뚫리는 듯하더니만 두 눈에서 눈물이 펑펑 쏟아져 대성통곡하며 울어 버렸습니다.

그동안 죄 지은 것들이 줄줄이 떠올랐습니다.

"아, 예수님 당신이군요. 지금까지 저를 기다리셨군요."
"하나님, 잘못했습니다. 용서해주십시오!"

또 저로 인해 고통받았던 사람들이 연이어 떠올랐습니다.

"하나님, 그들을 위로해주십시오!"

예수님은 절대 가공의 인물이 아닙니다. 예수님은 다른 사람들이 아닌 바로 제 죄 때문에 십자가에서 돌아가셨습니다. 그 예수님이 제 마음을 만지셨습니다.

'예수님, 당신이 살아 계시다는 것을 제가 이제야 믿습니다!'
예수님을 만난 후로는 새벽예배가 즐거웠습니다. 기도할 것이 마구 떠올랐습니다. 이전의 생활습관도 서서히 바뀌어 갔습니다. 술 담배도 자연스럽게 끊게 되었습니다.

살아 계신 예수님을 전하다

제 영혼은 자유를 얻었으나 현실의 생활은 그렇게 여유롭지 않았습니다. 우리 집은 경제위기의 직격탄을 맞았습니다. 벌금을 내지 못해 운전면허가 취소되었고 차를 못 모니 발이 묶인 신세가 된 것입니다. 맘대로 할 수 있는 일이 점점 줄어들게 되니 감옥이 따로 없었습니다. 아마 제가 예수님을 만나지 못했다면 스스로 목숨을 끊었을지도 모릅니다.

구역장님이 권유했습니다.

"집에만 계시지 말고 인력시장에 한번 나가보세요."

전 같았으면 그런 말 듣고 자존심이 상해서 욕설을 퍼부으며 펄펄 뛰었을 겁니다. "당신이 뭔데 이래라 저래라 하느냐"고 말입니다. 집에 돈 한 푼 없어도 자존심 하나로 버텼을 겁니다. 그러나 저는 그 권유대로 행했습니다. 그리고 처음으로 정직한 노동의 대가로 번 돈의 기쁨을 맛보았습니다. 그뿐 아니라 일을 나갈 때마다 설레었습니다. 노동 외에도 또 다른 목표가 생겼기 때문입니다. 그것은 바로 일터에서 만나는 사람들에게 예수님을 전하는 것입니다. 내 입으로 예수를 믿어보라는 말을 한다는 것, 우리 교회에 한번 와보라고 권한다는 것, 이것이 기적이 아니고 무엇이겠습니까? 과연 누가 나를 이렇게 바꾸어 놓았을까요? 바로 예수님이십니다. 이 예수님을 전하지 않고서는 견딜 수가 없었습니다.

예수님을 만나기 전에 사귀었던 친구들을 만났습니다.

"술 한잔 하자!"

저는 거절했습니다.

"자네, 우리 친구 맞나?"

친구들은 저의 모습을 낯설어했습니다. 그러나 극적으로 탈출한 어둠 속으로 다시는 한 발자국도 내딛고 싶지 않았습니다. 그런데 문득 제게 신비의 열쇠가 숨겨져 있다는 사실을 깨달았습니다. 그것은 바로 기도였습니다. 새벽예배 때마다 기도했습니다. 오래전 제 아내가 저를 위해 기도했듯이 말입니다.

"예수님, 제게 일터를 허락해주세요."

그리고 열심히 이력서도 제출하고, 면접도 치렀습니다. 내 뜻과 계획대로 일이 술술 풀리는 것은 아니었지만 절대 실망하지 않았습니다. 그리고 응답을 받을 때까지 계속 기도했습니다.

드디어 어느 회사에 취직을 하게 되었습니다. 이곳에서도 저는 예수님을 전했습니다. 중도에 직장을 옮기고, 근무 시간도 달라졌지만 예수님을 전하는 것은 멈추지 않았습니다. 입으로만 예수님을 전하지 않았습니다. 예컨대 김밥 백 줄, 계란 다섯 판을 사서 동료들과 나눠먹으면서 교제를 나누었습니다. 상대방이 필요로 하는 것을 사주기도 했습니다. 한 사람 한 사람 집중적으로 전도하기 시작했습니다. 그리고 주일이 되면 아예 그 집으로 찾아가 교회로 데리고 와 함께 예배에 참석했고, 예배를 마친 후에는 다시 집까지 데려다 주었습니다.

"여러분 10명이 함께 교회에 오시면 제가 회식 쏘겠습니다."

이런 공약까지 내걸고 그 약속을 지키느라 야간근무를 마친 후 회식비를 고스란히 건넸습니다. 그러나 직장동료들은 그 돈을 거절하면서 오히려 우리 아이들에게 용돈을 주었습니다. 직장동료 10명이 모두 교회에 나오던 그날, 비가 억수처럼 퍼부었습니다. 제겐 그 비가 하나님이 쏟아 부으시는 은혜였습니다.

외국인이라고 예외일 수는 없습니다. 말이 안 통한다고요? 천만에요! 복음은 만국공용어입니다. 말이 안 통하면 삶의 현장에서 몸으로, 행동으로 전하면 되기 때문입니다. 진실된 행동은 그 어느 나라 사람이라도 느끼고 반응합니다.

교회에 나오면 선물을 사주겠다는 조건을 건 적도 있습니다. 상대방에게 무엇이 필요한지 미리 파악하고 그것을 선물로 주겠다는 약속을 합니다. 그리고 그 말에 약간이라도 반응을 보이면 외국인들에게 끈질기게 복음을 전하기도 했습니다. 결국 그들은 교회에 나오게 되었고, 세례도 받았습니다. 필리핀에 돌아간 후에도 교회를 다니고 있다고 합니다.

일터뿐 아니라 제 발길이 닿는 곳은 어디나 선교지입니다. 이동통신 대리점이 그 좋은 예입니다. 휴대전화를 개통하면서 대리점 사장님에게 슬쩍 물었습니다.

"교회에 다니신 적이 있으십니까?"

"한 번도 없습니다."

그 답을 듣는 순간 그분은 제게 찍힌 것입니다. 저는 매일 그 대리점을 드나들었습니다. 고객 5명도 소개하면서 사이사이 교회 자랑을 하며 부탁을 했습니다.

"부탁이 하나 있는데 들어주시겠습니까?"

"그럼요, 무슨 부탁이신지?"

"저랑 저희 교회에 한번 가시겠습니까?"

제 부탁에 흔쾌히 응하신 분이 바로 김진섭 씨입니다.

이런 식으로 한 번은 교회에 초청을 했으나 다음 주가 문제였습니다. 마침 그다음 주 식사당번이 우리 교구인지라 저는 김진섭 씨에게 일손이 부족하다며 도움을 청했습니다. 역시 이번에도 제 부탁을 들어주셨습니다. 김진섭 씨는 교회에 나온 지 2주 만에 식당봉사를 하게 된 것입니다. 얼마나 열심히 도우시던지 감동을 감출 수가 없었습니다.

"하나님, 정말 정말 감사합니다!"

휴대전화는 제가 전도할 때 연결고리 역할을 톡톡히 했습니다. 이번에도 휴대전화를 통해 전도의 문을 열게 되었습니다. 15년 전부터 알고 지내던 분이 이동통신 대리점을 오픈했습니다. 그곳을 찾아가자 대리점 사장님은 화들짝 놀라면서 묻더군요.

"내가 알던 학섭 씨가 자네 맞아?
"맞습니다. 다만 다시 태어났을 뿐이지요."

저는 저를 새롭게 태어나게 하신 예수님 이야기를 전했습니다. 제 말을 듣고 난 그분은 저를 빤히 보시더니 이렇게 말했습니다.

"그래, 자네가 이렇게 바뀐 것을 보니 하나님이란 분 정말 계신가 보네."

그날 이후 저는 매일 대리점을 찾아갔습니다.

"사장님, 노사연 초청한다는데 오실래요?"

사장님은 가족과 함께 '노사연 초청 간증집회'에 참석하셨습니다.

사장님뿐만 아니라 대리점 직원도 공략대상이었습니다. 저는 대리점에 방문할 때마다 빈손으로 가지 않았습니다. 과일, 구운 김 등을 들고 가 직원들에게 주면서 복음을 전했습니다.

"아니, 우리 집 마당이 곧 통도사인데."

이렇게 말하는 분도 있었습니다. 그분은 바로 김두성 씨입니다. 저를 만난 지 1년 6개월 만에 교회에 나오기 시작하여 지금까지 일곱 번이나 예배에 참석했습니다.

서지훈 · 주민혜 부부의 이야기를 빼놓을 수 없습니다. 서지훈 씨는 어린 시절부터 새어머니와 이복누나와 함께 생활했습니다. 안타깝게도 이 두 사람은 서지훈 씨를 구박하고 폭력까지 행사했습니다. 공교롭게도 새어머니는 교회 권사님이셨답니다. 교회에서의 모습과 가정에서의 모습이 판이하게 다른 새어머니를 보고 서지훈 씨는 다짐했답니다.

'내가 죽으면 죽었지 절대 교회는 안 나간다.'

아내 주민혜 씨는 절에서 생활을 한 적이 있어서 교회와는 애당초 담을 쌓고 있었습니다. 앞서 김두성 씨를 전도할 때처럼 이 부부도 1년 육 개월 동안 끈질기게 전도했습니다. 결국 두 사람 모두 세례를 받고 6주에 걸친 새가족반도 수료했습니다.

"우리가 다른 가까운 마을들로 가자 거기서도 전도하리니 내가 이를 위하여 왔노라 하시고" (마가복음 1:38)

제가 용원에 처음 이사 왔을 때 아는 사람이 아무도 없었습니다. 그러나 만나는 사람마다 복음을 전했습니다. 단 한 번 전하는 것에 그치지 않고 그 사람들이 있는 곳을 수시로 방문하며 그들을 제 방식대로 섬겼습니다.

예컨대 경조사를 챙기고 식사도 대접했습니다. 사소한 것부터 큰일까지 관심을 기울였습니다. 사실 이렇게 하는 것이 쉽지는 않았습니다. 특히 처음 시작할 때에는 용기가 필요했습니다.

그러나 한결같은 제 모습에 결국 그분들이 마음 문을 여셨고 지금은 상당수가 저의 동역자가 되었습니다.

전도는 제 힘과 지혜로 되는 것이 아니었습니다. 다만 저는 전도하겠다는 마음을 먹었을 뿐입니다. 사람을 만나게 해주시는 분도, 그 사람을 교회까지 인도하시는 분도 하나님이십니다. 저는 단지 그분의 작은 도구였을 뿐입니다.

그러나 전도를 할 때마다 하나님이 느끼시는 기쁨을 저도 느낄 수 있었습니다. 섬기고 대접을 하고 싶지만 경제적으로 능력이 되지 않는다고 걱정할 필요가 없습니다. 제가 경험해보니 필요한 물질은 신기하게도 하나님이 채워주시고 공급해주셨습니다.

저는 여전히 부족하고 신앙의 연륜도 길지 않습니다. 그러한 제가 구역장이라는 직분을 맡았습니다. 부족한 저의 멘토인 김영환 집사님, 김종희 집사님이 계십니다. 저는 이분들에게서 섬김을 배웠습니다. 저희 구역은 세 가정이었는데 열여섯 가정으로 늘어났습니다. 구역모임이 있을 때마다 저만 기쁜 것이 아니라 저희 아이들도 좋아합니다. 그리고 그날을 손꼽아 기다립니다.

"아빠, 언제 구역모임 있어요?"

구역은 저희 가족입니다. 교회도 저희 가족입니다. 주의 이름을 부르는 모두가 하나님의 가족입니다. 가족 가운데 연약한 지체가 있으면 당연히 도와야 합니다. 가난한 지체가 있으면 당연히 나누어야 합니다. 화분에 심겨진 화초가 무성하게 자라면 줄기를 잘라 번식시킵니다. 저희 구역도 두 가정이 분가하게 됩니다.

주 안에서 복을 누리며 기쁨을 누리고는 있지만 결코 없어지지 않는 상흔이 있습니다. 제가 변한 모습을 보시지 못하신 채 세상을 떠나신 제 부모님이십니다. 그러나 주님은 이 상처보다 크십니다. 복수를 다짐하던(전에 모시던 조직 보스의 죽음) 제가 칼 대신 사랑을 품게 되었습니다. 이것이 복음의 능력입니다. 복음의 능력이 실감나지 않을 때에는 전도를 해보십시오. 하나님 나라가 실감나지 않을 때에도 전도를 해보십시오.

*****

이학섭 집사는 지난 3년 동안 315명을 전도했고, 그의 가정을 통해 25명이 세례를 받았다.

복음의 밭을
개간하다

김형태 장로(송재구 교구, 송재구 구역)

—

가족과 친지에게 전하다

"교회 다니십니까?"

"예수님은 당신을 사랑하십니다."

"저랑 교회 한번 가실래요?"

저는 삼십이 넘도록 이런 말을 들어 보지 못했고 예수님이
누구신지 전혀 알지 못했습니다. 결혼을 한 후 제 아내로부터
처음으로 예수님과 교회에 대해 들을 수 있었습니다. 그때 나
이가 삼십오 세였습니다. 아내를 따라 교회에 나간 지 2년 만에
세례를 받고, 안수집사가 되었습니다. 그리고 지금은 장로 직분
을 맡고 있습니다. 제 생애에 있어서 이보다 더 큰 기적은 없습

니다.

저는 농촌에서 우상을 섬기는 집안에서 자랐기 때문에 교회와는 거리가 먼 삶을 살았습니다. 중학생이 되어서야 교회구경을 했을 뿐입니다. 처갓집이나 저희 집이나 예수님을 영접하고 교회에 다니는 사람들은 저희 부부를 포함해서 다섯 손가락으로 꼽을 정도입니다. 그러나 처갓집은 처제를 통해, 저희 집은 저를 통해 복음의 문이 열렸습니다. 물론 이러한 기적이 하루아침에 일어나지는 않았습니다.

세계로교회의 지체가 된 것은 2010년 1월입니다. 세계로교회에 와서 전도의 목적을 분명히 깨닫게 되었습니다. 그리고 많은 지체들이 배운 것으로 그치지 않고 배운 것을 행동으로 옮기는 것을 보았습니다. 이것이 바로 세계로교회의 전도비법이었습니다. 세계로교회에 그토록 많은 사람이 와서 복음을 받아들이고 세례를 받는 것은 전 성도와 목사님 부부가 주님의 지상 명령인 증인 된 삶을 살기 위해 애쓰고 노력하며 사랑의 실천으로 구역과 형제자매를 섬기고 오직 예수, 오직 복음에 순종하며 따르기 때문일 것입니다.

이러한 상황에서 저 역시 가만히 입 다물고 앉아 나 혼자만 신앙생활을 할 수가 없었습니다. 그해가 다 가기 전 12월에 동생이 세례를 받았습니다. 정말 기뻤습니다. 그다음 해엔 어머니께서 복음을 받아들이시고 세례도 받으셨습니다.

　가족을 전도한다는 것이 얼마나 어려운 일인지 가족 전도를 해보신 분들은 다 공감할 것입니다. 사랑의 가장 큰 실천은 전도입니다. 가족들이 줄이어 예수님을 영접하자 저는 하나님이 일하시는 것을 확실히 체험할 수 있었습니다.

　또한 제가 계획하고 애를 썼더라도 제겐 아무 공이 없다는 것을 깨달았습니다. 사람의 마음을 움직이고 그 발걸음을 교회까지 인도하시는 분은 하나님이시기 때문입니다. 이 일로 저는 전도를 비롯하여 모든 일을 내 기준에서 생각하고 결정한 것을 회개했습니다. 그리고 세상의 그 어떤 것도 복음의 능력을 막을 수 없다는 것을 확실히 깨달았습니다.

　제게도 기도해주시는 어머니가 생겼습니다. 어머니의 기도로 창원 이모 내외도 세례를 받으셨습니다. 특히 이모부의 연세가 칠십팔 세이신데 그 믿음의 씨앗은 어찌나 빨리 싹을 틔우고, 힘차게 자라는지요. 이모부는 택시기사이십니다. 지친 택시

승객들이 이모부의 믿음의 나무가 빚어낸 영적 그늘에서 쉼을 얻었습니다. 이모부께서는 '좀 더 빨리 예수님을 알았더라면 더 많은 사람들에게 복음을 전할 수 있었을 것을…' 하시며 안타까워하십니다.

　복음의 씨앗은 이종사촌형님과 형수님 가정에도 뿌리내렸습니다. 그 가정은 늘 환한 빛과 행복이 넘치고 있습니다. 제가 구원을 받았을 때도 기뻤지만, 다른 사람이 구원을 받는 것을 보는 기쁨은 너무도 커서 가슴이 벅차오릅니다. 전도는 일정 목표를 달성했다고 해서 멈추는 것이 아닙니다. 전도는 평생 계속되어야 합니다. 전도는 빨리 끝내고 쉬는 숙제나 과제가 아닌 삶과 병행되는 자연스러운 표현이고 행동입니다.

　하나님께서 제가 전도할 사람들을 떠올리게 하셨습니다. 저와 아내 집안만 해도 복음을 들어야 할 대상들이 아직 많이 남아 있습니다. 이분들이 모두 예수님을 주로 시인할 때까지 저는 기도를 멈추지 않을 것입니다. 또한 가족을 전도할 때에는 행동이 반드시 뒤따라야 합니다. 가족이나 친지들은 저의 약점을 너무 잘 알기 때문에 입술로만 복음을 전하면 별로 설득력이 없습니다. 복음은 바로 사랑이고, 사랑은 곧 행동이기 때문입니다.

"네 마음을 다하고 목숨을 다하고 뜻을 다하여 주 너의 하나님을 사랑하라" (마가복음 12:30)

"네 이웃을 네 자신 같이 사랑하라" (마태복음 22:39)

저처럼 또 이모부처럼 느지막이 복음을 듣지 않도록 좀 더 빨리 예수님을 알 수 있도록 저는 계속 복음을 전할 것입니다. 복음을 듣지 못해 천국에 갈 수 없다면 이보다 큰 비극이 어디 있겠습니까?

친구와 이웃에게 전하다

친구에게 복음을 전하는 것은 가족에게 복음을 전하는 것 못지않게 어렵습니다. 그러나 친구야말로 반드시 복음을 전해야할 대상입니다. '친구 따라 강남 간다'라는 속담이 있습니다만 어쩌다 교회에 데리고 온다 해도 한두 번에 그칠 뿐 끝까지 나오면서 세례도 받고 신앙생활도 하는 친구를 얻기는 참 힘듭니다. 제 경우도 마찬가지입니다. 세계로교회에 다니기 한 6년 전쯤 동창 몇 명을 교회에 초청한 적이 있습니다. 모두 한두 번 얼굴을 내밀다가 발길을 끊었습니다.

　어릴 때나 친구랑 어울려 다니지 어른이 되고, 가장이 되면 친구라는 단어가 아련해집니다. 밥 먹고 살기 위해 만나는 사람들이 친구의 자리를 대신 차지하고, 시간과 에너지도 빼앗습니다. 저 역시 사업하느라 바빠 친구들을 자주 만날 수 없었습니다. 어쩌다 모임에 나가도 그곳에서 전도할 짬을 얻기란 하늘의 별 따기입니다. 그래도 교회에서 '초청잔치'가 있을 때에는 늘 2,3명의 친구를 초청하곤 했습니다.

　작년 12월의 일입니다. 교회 일정 가운데 세례식을 목전에 두고 있을 때 느닷없이 어릴 적 친구에게 전화가 걸려왔습니다. 34년이라는 긴 시간이 흘렀지만 우린 서로 엊그제 만난 듯 반갑게 이야기를 나누었습니다. 통화를 한 지 며칠 후 문자 한 통이 왔습니다.

　"잘 지냈지? 저온창고에 보관한 사과가 시일이 많이 지났는데도 판로가 없어서 고민이다. 몇 상자라도 팔아줄 수 있는지?"

　그 친구는 거창에서 사과농사를 짓고 있었습니다. 저는 즉시 답장을 보냈습니다.

"일단 보내."

그러자 친구는 사과 열한 상자를 싣고 직접 저희 회사까지 왔습니다. 비로소 친구 얼굴을 볼 수 있게 되었고 50대 중반에 접어든 두 남자가 34년 만에 상봉을 하게 된 것입니다. 그러나 금방 알아볼 수 있었습니다. 그 긴 세월 각자 가슴에 쟁여 둔 이야기들을 하나하나 끌어내기 시작했습니다. 친구로부터 사과농사 이야기도 들었습니다.

"아 참, 몇 주 후 우리 교회에 세례식이 있거든. 다음 주부터 우리 교회에 나와 볼래?"

그날 저녁 아내와 저는 머리를 맞대고 궁리를 했습니다.

"어떻게 하면 이 사과를 빨리 팔 수 있을까?"
"여보, 교회 전도팀원들에게 이야기해 보는 것 어때요?"

교회 전도팀원들의 도움으로 며칠 사이에 사과 오십 상자를 주문받았습니다. 친구에게 기쁜 마음으로 연락했습니다.

"교회 올 때 사과 백 상자 가져와."

약속한 주일, 친구는 양복을 보기 좋게 차려입고 저희 교회를 찾았습니다. 부부가 밀양에서 와 그날 예배를 함께 드리고 점심식사를 마친 후 사과를 팔았습니다. 이미 주문받았던 오십 상자 말고도 여분의 오십 상자를 순식간에 다 팔았습니다. 더 많은 양의 주문예약까지 받았습니다. 그리고 세례식이 있는 주에는 이백 상자를 싣고 오기로 했습니다. 친구를 도울 수 있어 기뻤습니다. 그러나 소중한 친구가 예수님을 만나면 얼마나 좋을까 하는 간절한 바람을 떨칠 수 없었습니다.

"하나님, 제 친구가 이번 세례식 때까지 주님을 영접했으면 좋겠습니다."

그런데 친구가 목사님과 면담을 하고 난 후 세례 문답을 했습니다.

세례식이 한 주 앞으로 다가왔습니다. 저는 친구뿐 아니라 세례를 받게 될 많은 사람들을 위해 일주일 내내 기도했습니다. 드디어 세례식 날 친구 내외와 친구의 친구까지 모두 3명이 주님을 영접하고 세례를 받았습니다. 가슴이 벅찼습니다.

그런데 알고 보니 정작 기뻐해야 할 사람은 따로 있었습니다. 바로 친구의 아들이었습니다. 친구에겐 쌍둥이 아들이 있었는데 작은 놈이 중학교 때부터 교회를 열심히 다니더랍니다. 처음엔 그냥 놔두었는데 성적이 점점 떨어지기에 교회를 못 다니게 했답니다. 그러나 아들은 대입 재수를 하면서 부모의 반대에도 무릅쓰고 교회를 열심히 다녔고 마침내 서울에 있는 대학에 좋은 성적으로 당당히 합격했답니다.

그전에 친구는 아들과 약속을 했습니다.

"제가 대학만 합격하면 엄마 아빠 다 교회 다니실 거죠?"
"물론이지."

그런데 대학 입학한 지 1년이 지나도 친구는 그 약속을 지키지 못했고, 그로 인해 늘 마음이 찜찜할 수밖에 없었는데 이렇게 세례까지 받게 된 것입니다.

"드디어 아들 녀석과의 약속을 지켰네, 왜 이리 홀가분하고 행복한지 모르겠네."

당연하지요. 약속도 지키고 영적 축복도 받았으니 말입니다.

전도를 직접 해본 사람들이 공통적으로 체험하는 것이 있습니다. 그것은 주님이 우리와 함께 일하신다는 것입니다. 그리고 거부할 수 없는 성령의 역사라는 것입니다. 이 사실을 깨닫고 나면 너나 나나 할 것 없이 하나님께 감사하게 됩니다. 그리고 그 이름이 얼마나 크신지 찬양을 하게 되며 믿는 사람들이 함께 걸어가야 하는 길이 뚜렷하게 보입니다.

아내 역시 그 길을 가고 있습니다. 아파트 단지와 경비실과 경로당을 주기적으로 돌면서 복음을 전합니다. 전도의 열매는 사람에 따라 열리는 때가 다릅니다. 그러나 오래 참고 기다릴수록 열매는 더욱 옹골집니다. 한 예로 전도한 지 2년 만에 교회에 나온 경비원아저씨가 계십니다. 그분은 근무 시간이 겹치지 않은 이상 매주 교회에 나오십니다.

2년은 아무것도 아닙니다. 10년이 지나도 꼼짝 안 하시던 지인도 있습니다. 사직동에 살 때 자주 찾아뵙고 안부도 묻고 전도했던 분이신데 저희 가족이 이사를 하면서 세계로교회로 옮기고 나니 소식을 주고받는 것마저 뜸하게 되어버렸습니다. 어느 날 그분이 생각나 전화를 걸었습니다.

"오랜만에 문안드립니다. 그간 잘 지내셨어요? 세계로교회로 나들이한다는 마음으로 한번 오세요."
"그러지요."

그런데 이게 웬일인가요?
너무도 쉽게 수락을 하시니 긴가민가했습니다. 그분이 교회에 다니신 지 벌써 2년 8개월째입니다. 그냥 교회만 나들이하신 것이 아니라 제자훈련도 수료하시고, 믿음도 견고히 서서 전도를 하고 싶어 하십니다.

복음을 전하는 것은 마치 방아쇠를 당기는 것과 같습니다. 아주 순간적이고 단순한 동작이지만 어떠한 영적 탄환이 발사될지 아무도 모릅니다. 그 영적 탄환은 바로 성령님이십니다. 하나님은 우리가 영적 방아쇠를 당기기를 원하십니다. 우리 힘으로 정조준하려고 너무 시간을 지체하고 뜸을 들이면 타이밍을 놓칩니다. 그래서 때를 얻든지 못 얻든지 복음을 전하라고 하시나 봅니다.

우리는 오직 복음 전하는 일에 최선을 다할 뿐입니다. 하나님께서는 당신의 뜻을 우리를 통해 이루어 가십니다.

직원들을 가족처럼

가족 못지않게 전도하기 힘든 대상이 회사 직원이었습니다. 제가 사업을 시작한 지는 21년쯤 됩니다. 처음엔 2명이던 직원도 35명으로 늘어났지만 직원들을 전도하는 것은 아직도 어렵습니다. 원래 저는 사실 전도와는 거리가 먼 사람이었습니다.

그러나 '전도축제'가 해마다 돌아오면 저는 안수집사가 되고 난 후 직원들과 거래처 사람들을 끌고 오다시피 해서 교회에 앉혀놓았습니다. 머릿수에 치중하면서 내 의를 드러내고 싶어 하던 때도 있었습니다. 다른 사람들보다 많은 사람들을 교회에 데리고 왔다는 것에 으쓱하기도 했습니다. 마치 '이제 내 할 일 다 했다.' 하는 식으로 말입니다.

그런데 한 해에 50명이 넘게 초청을 해도 결신자나 교회 등록자는 단 한 사람도 없는 것입니다. 저 역시 '전도축제'가 끝나면 이벤트가 끝난 듯 언제 그랬냐는 식으로 자연스럽게 일상으로 돌아가곤 했습니다.

그렇게 몇 년이 지나자 직원들은 거부감 없이 자발적으로 초청에 응하기 시작했습니다. 결신자도 생겼습니다. 시무예배나 창립예배 때엔 목사님께서 직접 회사에 오셔서 말씀을 전하셨습니다. 목사님의 말씀과 기도를 통해 마음 문을 여는 직원도 생겼습니다. 그러나 교회에 꾸준히 출석하는 직원은 10년이 지나도 한 사람도 없었습니다.

제 겉모습은 늘 열정적이고 경건했습니다. 또 '전도축제' 때마다 가장 많은 사람들을 동원하고, 봉사도 열심히 하다 보니 부러워하는 사람들도 있었습니다. 그러나 저는 압니다. 제 영혼이 얼마나 고갈되고 만족도 없고 기쁨도 없는지 말입니다.

이러한 제게 큰 전환기가 찾아왔습니다. 2010년 1월 세계로교회를 다니게 되면서 6개월간 사역훈련을 받게 되었습니다. 그제야 저는 전도의 진정한 의미를 배웠습니다.

이제 배우고 깨달은 것을 행동으로 옮길 차례입니다. 먼저 직원 전도에 초점을 맞춘 후, 성탄절을 계기로 직원들을 초청했습니다. 그리고 일회성에 그치지 않고 꾸준히 초청했습니다.

2010년 4월 5일, 제가 사업을 시작한 지는 18년째이고, 제가 예수님을 영접한 지는 16년째 되는 해입니다. 저희 회사 직원 6명, 본사 직원 1명이 예수님을 영접하고 세례를 받게 되었습니다. 이듬해 2011년, 직원들은 14명 중에서 6명이 교회에 나와 세례를 받았습니다(본사 직원은 20명 중 1명만 세례를 받음). 이에 포기하지 않고 계속 복음을 전하고 기도했습니다.

2013년에는 새로운 방식의 직원 야유회를 구상하였습니다. 먼저 예배에 참석한 후 교회 잔디밭에서 회식을 하기로 했고 직원들 모두가 거부감 없이 참여했습니다.

직원들은 늘 대하는 사람들이므로, 지속성과 신실함이 필요합니다. 마치 자녀를 양육하는 것과도 같습니다. 진실성이 없으면 들쑥날쑥하기 마련입니다. 그리고 일상 속에서 직원들의 필요를 감지하고 채워줘야 합니다. 이를테면 복지후생에 좀 더 관심을 기울이고, 각 사람의 개인문제나 경조사도 기억해야 합니다. 직원들에게 감동을 줄 수 있는 기회들을 놓치지 말아야 합니다. 물론 현실적으로 쉬운 일은 아닙니다. 더구나 회사경영이 원만하지 않을 때에는 몇십 명의 직원들의 경조사를 일일이 챙긴다는 것이 보통 일이 아닙니다.

그러나 천하보다 귀한 한 영혼의 가치성을 기억한다면 우선 순위를 어디에 두어야 할지 분명해집니다. 그래서 회사 형편이 어려워지더라도 급여와 복지혜택을 줄이지 않았습니다. 그뿐 아니라 출산장려금 제도를 신설했습니다. 1명이라도 더 전도를 하고 싶었기 때문입니다. 첫째 아이를 낳으면 50만 원, 둘째는 100만 원, 셋째는 150만 원을 지급했습니다. 지난 3년간 9명이 이 제도의 혜택을 받았습니다. 첫 아이를 쌍둥이로 낳은 직원은 150만 원의 장려금을 받기도 했습니다. 돌에는 20만 원을 지원해 주었습니다. 생일, 결혼기념일, 창립기념일, 근로자의 날에도 선물과 상품권을 주었고, 샌드위치 휴일을 선정하여 교대로 전 직원에게 30만 원의 휴가비를 주었습니다. 그 외에도 우수 사원과 장기근속 사원에게 해외여행 경비를 지급해 주는 등 열심히 하는 직원들에게 더 많은 지원을 해주어 감동을 선사하려고 노력하고 있습니다. 직원들이 행복해야 회사도 번창합니다. 직원들이 행복하려면 현실적인 만족감을 느낄 수 있도록 배려가 필요합니다. 3년 동안 회사의 매출이 100억 원 이상 증가했습니다.

저는 새해라고 해서 새로운 사업 계획들을 수립하지 않습니다. 매출 목표나 사업 계획은 전 직원이 지속적으로 협의하여 수립합니다. 직원들은 사장을 믿고 목표 달성에 최선을 다합니다. 사장인 저는 어떻게 하면 직원들의 수준을 향상시키고 더 좋은 혜택을 줄지 고민하고 연구합니다.

직원들 한 사람 한 사람을 위해 매일 기도하며 그 영혼들이 예수님을 영접할 때까지 전도를 포기하지 않을 것입니다. 2014년의 사업목표는 매출증대가 아니라 모든 직원이 세례를 받고 예수님을 영접하는 것입니다. 매월 첫째 주 월요일 아침에는 회사에서 예배를 드리는 것을 계획 중입니다. 항상 최선을 다하고, 묵묵히 따라와 주고, 교회 행사에 참석해주는 모든 직원에게 감사드립니다.

이번에 세례받는 이정민 부장과 안신애 대리 부부, 박용무 사원에게 하나님의 축복이 함께하시기를 원합니다. 같이 복음 전하는 동역자가 되기를 기도합니다.

*****
김형태 장로는 지난 3년 동안 495명을 전도했고, 그중 23명이 세례를 받았다.

기억상실증을
깨우신 하나님

윤복례 집사(강성일 교구, 유재삼 구역)

—

교회를 다니기 시작한 것은 초등학생 때입니다. 제 짝꿍이 저를 전도했습니다. 그러나 어른이 되고 직장생활을 하고, 결혼을 하고 나면서 교회와 멀어졌습니다.

"결혼하면 같이 교회에 다닐게."

대다수의 남편처럼 제 남편도 결혼 전 교회 다니겠다는 약속을 지키지 않았습니다. 그런데 문제는 남편이 아니라 제게 있었습니다. 저야말로 약속을 잊고 제 마음 내키는 대로 생활을 했습니다. 일주일의 하루를 교회에 묶이기보다 제 마음대로 시간을 활용하는 재미에 푹 빠진 것입니다.

그런데 하나님께서 남편을 통해 제 기억상실증을 깨우기 시작하셨습니다. 남편은 사람들과 어울리는 것을 아주 좋아했습니다. 거기에 술이 빠질 수 없었지요. 한 주도 거르지 않고 친구들과 술을 마시고 귀가했습니다. 이따금 집에 와 술판을 벌이기도 했습니다.

"여보, 여기 술상 좀 차려봐."

속으로는 부글부글 끓었지만 친구들 앞에서 남편의 얼굴을 세워주느라 꾹 참고 술상을 차리곤 했습니다. 그러나 이러한 내 속을 빤히 아는 남편은 친구들이 간 후 기분 나쁘다는 듯 한소리 던집니다.

"당신, 아까 표정이 왜 그래?"

이어지는 남편의 비난으로 저는 마음의 상처를 늘 받았습니다. 하나님과 맞바꾼 자유가 제 굴레가 되었습니다. 이러한 생활이 반복되는 가운데 첫 아이가 태어났습니다. 아이도 저를 힘들게 했습니다. 젖 먹을 시간만 되면 때를 가리지 않고 자지러지게 울어대곤 했습니다. 한밤중도 예외는 아니었기에 수면부족으로 급격한 체중감소가 일어났습니다. 애 엄마 체중이 35킬로그램까지 줄어들었지만 시어머니께서는 저보다는 아들 걱정을 더 하셨습니다.

"애미야, 애 좀 작작 울려라. 아범이 잠을 자야 일을 나가지. 애가 울면 빨리 우유를 먹이든지 밖으로 업고 나가거라."

아이는 어미 사정을 알 턱이 없었지요. 여전히 날마다 울어댔습니다. 저는 분유를 타는 시간을 줄여 최대한 빨리 애의 입을 막기 위해 분유를 일 회 분씩 용기에 칸칸이 담아두었습니다. 그런데 그것마저 떨어지면 혹시라도 남편이 깰까 봐 전전긍긍하며 한 손엔 젖병을, 다른 한 손엔 분유 계량 수저를 든 채밤을 보내기 일쑤였습니다.

삶의 피곤함은 여기에서 멈추지 않았습니다. IMF가 닥치면서 남편 회사가 부도가 났습니다. 돈줄이 막혀 입주예정이었던 아파트마저 날아갔습니다. 결국 저희 식구는 친정에 들어가 살게 되었습니다. 남편은 하루아침에 실업자가 되었습니다. 여기저기 회사를 다니긴 했으나 석 달도 못 채우고 그만두었습니다.

결국 택시기사를 하면서 생활을 지탱했습니다.

둘째 아이가 태어나던 날, 나름대로 기쁜 일이 생겼습니다. 전에 다니던 회사에서 연락이 와 남편이 다시 직장생활을 할 수 있게 된 것입니다. 안정적인 수입이 생기다 보니 곧 친정에서 나올 수 있었습니다. 비로소 저는 하나님을 기억해냈습니다. 그리고 두 아이를 데리고 교회에 다니기 시작했습니다. 그러나 이 길이 순탄하지만은 않았습니다. 외로운 길이었습니다. 그래도 하나님의 말씀을 다시 들을 수 있어서 기뻤습니다.

그 무렵 남편 회사가 부산 신항만 근처에 있는 녹산공단으로 이전을 하면서 저희 가정도 회사와 가까운 진해 용원으로 이사를 하게 되었습니다.

네 식구의 분주한 삶은 계속되었습니다. 그런데 어느 날 갑자기 도련님이 교통사고로 세상을 떠났고 도련님의 죽음으로 모두 충격에서 헤어나지 못했습니다. 특히 남편은 하루도 술 없이는 견디지 못했고 잠조차 잘 수 없었습니다. 그러한 남편을 바라보면서 마음이 아프긴 했으나 너무 오래 지속되니 고역이었습니다. 그야말로 하루하루가 지옥과 같다는 생각을 했습니다.

용원으로 이사 온 후 교회 가는 것이 다소 부담이 되었습니다. 35킬로미터 정도의 거리를 애 둘 데리고 간다는 것이 쉽지 않았습니다. 게다가 제 운전이 서툴다 보니 구역장님이 저를 데리러 오시곤 했습니다. 하지만 돌아올 때엔 버스를 두 번 갈아타야 했습니다. 그런데도 예배의 기쁨이 크다 보니 힘들다는 생각보다는 기쁨과 감사가 앞섰습니다. 집에 와보면 남편은 그때까지도 꿈나라를 헤매고 있었습니다. 사실 주일마다 저와 아이를 데리러 오시는 구역장님을 보고 남편이 혹시라도 감동을 받아 교회에 나오지는 않을까 기대했기에 미안함을 무릅쓰고 구역장님의 차를 타고 다녔습니다. 이런 식으로 1년을 보냈지만 미동도 하지 않는 남편을 보고 마음을 바꾸었습니다. 구역장님께 전화를 걸었습니다.

"이제 데리러 오시지 않아도 돼요."
"왜? 무슨 일 있어?"
"아니요, 새 교회를 정했어요. 그동안 감사했습니다."

새 교회를 정했다는 것은 거짓말이었습니다. 그 후 2년 반 동안 다시 교회를 떠나 살게 되었습니다. 주가 주시는 평강과 기쁨의 공급이 차단된 것입니다. 주일에도 종일 남편과 같이 있다 보니 스트레스가 더 쌓였습니다. 게다가 하루가 멀다 하고 부부 싸움을 했습니다. 동네가 떠나갈 듯 난리를 치고 싸웠지요. 남편의 입에서는 입에 담을 수 없는 욕설들이 터져 나왔습니다.

그러던 어느 날 새벽, 전화가 걸려왔습니다. 남편이 응급실에 가야 한다고 했습니다. 남편은 그날도 어김없이 폭음을 했고 직장동료와 싸움까지 벌여 입이 터지고 손이 찢어졌다는 겁니다. 그제야 다시금 정신이 번쩍 들었습니다. 다시 교회를 다니기로 결심했습니다.

'어느 교회를 가야 하나?'

교회를 정하는 것이 쉽지가 않았습니다. 그런데 2006년 4월, 저희 가족이 진해 벚꽃구경 갔다가 교통사고를 당했습니다. 네 식구가 모두 병원신세를 지게 된 것입니다. 그 무렵 우연히 세계로교회 전도지를 접하게 되었습니다.

남편이 변했어요

세계로교회에 처음 갔을 때 교회 입구에서 활짝 웃으면서 저를 반기는 분이 있었습니다.

"어제 전화하셨던 분이시지요?"

예배 시간과 차 노선을 알아보려고 전화를 했었는데 그때에도 얼마나 친절하게 대답해 주시던지… 나중에 알고 보니 그분은 바로 사모님이셨습니다. 교회 안으로 들어서니 막혔던 숨이 탁 트이는 듯했습니다. 청년들의 신나는 율동과 찬양, 그리고 간증을 들으면서 이제껏 참았던 눈물이 왈칵 쏟아졌습니다.

'하나님, 제가 자꾸 하나님 곁을 떠나 죄송합니다. 용서해주세요. 이제 다시는 떠나지 않겠습니다.'

예배가 끝나고 목사님과 짧은 면담을 했습니다.

"남편도 교회에 나오십니까?"

"아니요."

"우리 교회에서는 아내가 교회에 나오면 남편도 곧 교회에 나오게 됩니다."

목사님의 말씀은 짧지만 힘이 담겨 있었습니다. 그러나 저는 그 말을 의례적으로 하는 말이려니 하고 크게 마음에 두지 않았습니다.

그동안 별 짓을 다해도 꿈쩍을 안 하던 남편이 호락호락 교회에 나올 리가 없었기 때문입니다. 그래서 아이들만이라도 교회에 데리고 다녀야겠다고 생각했습니다.

저도 구역에 소속이 되어 교제를 시작했습니다. 그런데 구역장님들이 거의 남자 집사님이셨습니다. 교회에 남자가 이렇게 많고 또 직분을 맡아 앞장서서 일하는 분이 많다는 것이 놀라웠습니다. 게다가 구역예배에 참석한 부부들이 한결같이 서로 아껴 주는 모습을 볼 때면 부러웠습니다. 예배를 마친 후 푸른 잔디 위에 앉아 점심을 먹을 때면 소풍 온 것 같아 즐거웠습니다.

그런데 예배를 마칠 무렵이면 남편이 데리러 왔습니다. 텃밭에 가자면서 말입니다. 지나치게 엄숙하거나 틀에 갇히지 않고 활기차고 자유로운 교회 분위기에 다시금 소망이 생겼습니다.

'이런 교회라면 남편도 좋아하지 않을까?'

저는 의도적으로 교회와 목사님, 구역장님 자랑을 늘어놓았습니다. 또 남편이 퇴근할 시간이 되면 일부러 담임목사님의 설교를 틀어 놓았습니다. 그런데 설교 가운데 '남편을 주님처럼 섬겨라'라는 대목에서 남편이 한마디 했습니다.

"야, 너희 목사님 말씀이 맞다."

남편이 들으라고 틀어놓았다는 것을 모르는 모양이었습니다.

하루는 우연히 구역장님의 가게에 들리게 되었습니다. 그런데 무슨 일인지 남편도 뒤따라 들어오더니 구역장님과 악수까지 하고는 이런저런 이야기를 하는 겁니다. 구역장님은 어떻게 자신의 삶이 바뀌게 되었는지 남편에게 자세히 들려주셨습니다. 그 간증을 다 듣고 남편은 이렇게 말했습니다.

"제가 교회에 가면 벼락 맞지요. 지금은 술도 마시고 담배도 피우고 하니 나중에 때가 되면 교회에 갈 겁니다. 아직은 세상이 더 좋네요."

사흘 뒤에 남편이 사고를 당했습니다. 무거운 물건이 오른쪽 발등에 떨어져 심한 골절상을 입었는데 발등에 조금만 힘을 가하면 뼈가 으스러질 수도 있다고 했습니다. 뼈가 다 붙을 동안 운전도 못할뿐더러 발바닥을 땅에 절대 닿지 않도록 주의해야 했습니다.

의사선생님께서 말씀하셨지요.

"보름간만 조심하십시오. 뼈가 붙을 겁니다."

그러나 조심은커녕 남편은 다른 환자들과 함께 술을 마시기 위해 밤마다 목발을 짚고 병실을 빠져나갔습니다. 저는 구역식 구들과 함께 남편을 위해 전심으로 기도했습니다.

'하나님이 남편을 부르시는구나. 제발 남편이 그 음성을 들 어야 할 텐데.'

그런데 보름이면 붙을 것이라던 뼈가 두 달이 지나도 붙지 않았습니다. 제 맘대로 돌아다닐 수 없게 된 남편은 자기가 처 해 있는 현실로 인해 실의에 빠졌습니다. 게다가 입원이 장기화 되다 보니 직장동료들의 병문안도 뜸해졌고 함께 어울리던 환 자들도 먼저 퇴원을 했습니다. 이 우울한 시기에 구역식구들이 남편을 찾아와 아픈 다리를 붙들고 기도해 주었고 그것에 남편 은 감동을 받은 듯했습니다.

저도 남편을 위해 나름대로 애썼습니다. 끼니마다 색다른 반 찬을 만들어 병원에 가져가고, 매일 집으로 데려와 몸을 씻겨 주었습니다. 그리고 어색하긴 했지만 깁스한 남편의 다리를 잡고 기도도 했습니다.

"남편이 구원받게 하고 싶으면 순종해야 합니다. 개떡 같은 남편이라도 순종하고, 자기가 먼저 변한 모습을 보여줘야 합니다."

그래서 전 같으면 버럭 같이 대들던 것을 꾹 참고 최대한 남편을 부드럽게 대했습니다. 그리고 틈나는 대로 목사님 설교 말씀을 전했습니다. 제가 먼저 변하려고 애쓰다 보니 어느 날 문득 남편이 불쌍하게 여겨졌습니다.

그런데 저만 변한 줄 알았는데 남편도 변한 모습을 보였습니다. 제가 병실을 비울 때마다 기독교방송에 채널을 맞추고 보고 있는 겁니다. 또 교회에 대한 반감도 사그라지고 마음의 문을 조금씩 열었습니다.

"뼈만 붙으면 교회에 갈게."

병원생활이 3개월째 접어들자 남편도 괴로웠던지 예전에는 꿈도 못 꾸던 약속을 하는 겁니다.

"뼈가 다 붙었네요."

이 말을 들자 남편은 깁스도 풀지 않은 채 목발을 짚은 채로 교회에 갔습니다. 2006년 9월, 제가 세계로교회에 등록한 지 4개월 만이었습니다. 불편한 몸으로 교회에 나온 남편을 위해 구역식구들은 하나같이 더 큰 관심을 가지고 세심하게 배려해 주었습니다. 어떤 집사님은 남편을 목사님이 계신 3층까지 업고 올라가 면담과 기도를 받을 수 있게 해주었습니다.

몇 주 뒤 저는 남편 몰래 새가족반에 등록했습니다.

"새가족반은 또 뭐야? 귀찮네."

처음엔 남편이 투덜댔지만 3주가 지나자 남편은 달라졌습니다. 얼굴표정부터가 달라지더니 늘 삐딱한 시선으로 교회를 대하던 남편이 봉사에도 참여했습니다. 2006년 하반기 드디어 남편은 세례를 받았습니다.

거듭난 남편은 그토록 즐기던 술 담배마저도 멀리하더니 8년에 걸쳐 완전히 끊었습니다. 부모가 변하자 아이들이 행복해했습니다. 아이들 표정만 보아도 알 수 있었습니다.

언제가 딸아이가 이렇게 말했습니다.

"엄마, 아빠만 교회에 나오면 우리 집은 천국일 텐데."

그렇다면 우리 집은 지금 천국이겠지요?

"우리 재삼이가 교회에 다니다니, 기적이 따로 없구나."

남편이 교회에 다닌다는 소식에 가장 기뻐하신 분은 시어머니셨습니다.

이제는 남편이 형님과 매형에게 전도하기 시작했습니다. 간증도 했습니다. 사실 다른 간증이 필요 없었습니다. 남편의 달라진 모습 자체가 하나님이 살아 계신다는 증거니까요. 그러나 반응은 싸늘했습니다.

"헛수고 그만들 하세요. 제가 왜 교회에 갑니까?"

아주버님은 늘 단호하게 거절했습니다.

그런데 조카가 자전거를 타고 가다가 차에 치어 중환자실로 옮겨졌습니다. 두개골이 산산조각 나는 바람에 수술도 할 수 없었습니다. 가족들이 중환자실 앞에서 할 수 있는 일이라곤 기도밖에 없었습니다. 저희도 급히 서울로 올라갔습니다. 가기 전에 목사님과 사모님께 자초지종을 말씀드리고 기도부탁을 했습니다.

그동안 그토록 완강하게 버티던 아주버님의 마음이 많이 녹아내렸습니다. 상황이 상황인지라 남편도 안타까운 마음으로 교회 나갈 것을 권했습니다.

"그렇지 않아도 가려고."

교회에 처음 오게 된 아주버님은 온 교인들이 마음을 합하여 자기 아들을 위해 기도하는 모습에 감동했습니다.

'하나님, 영광이가 수술을 하지 않고도 완전히 나을 수 있게 해주세요.'

몇 개월 후 조카 영광이는 깨어났습니다. 그리고 지금은 건강한 모습으로 믿음생활을 하고 있습니다. 하나님이 영혼을 구원하시려고 기적을 베푸셨습니다. 아주버님은 가족과 함께 교회에 잘 다니십니다.

그의 나라가 확장되다

✚ **친구 금림이 이야기입니다.**

금림이는 김해 장유에 살고 있는데 곧 이혼할 것 같다는 소식을 전해 들었습니다. 남편의 술주정과 무능력이 이혼사유였습니다. 저는 즉시 금림이네 집으로 갔습니다.

"금림아, 우리 교회에 몇 주라도 나와 봐. 그다음에 결정해도 늦지 않아."

"그래, 일단 참석해볼게."

그런데 금림이가 어느 집사님의 간증을 듣고 나서는 흔들리기 시작했습니다. 금림이는 자기만 불행한 일을 겪고 있다고 생각해왔는데 자기 일은 아무것도 아니라는 것을 알고는 용기를 얻었습니다. 저는 남편과 함께 주일아침마다 김해까지 금림이를 데리러 갔습니다. 그리고 예배를 마치면 집에까지 데려다 주었습니다. 전에 다니던 교회 구역장님이 저와 아이들을 태워다 주느라 수고하셨는데 그 일을 남편이 하고 있는 것입니다. 그때만 해도 남편은 구역장님이 한심하게 보였을 겁니다.

매주 자기 아내를 데리러 가니까 금림이 남편 창우 씨가 염려 반 호기심 반으로 바라보았습니다. 술을 마냥 마시다가 새벽에나 들어오던 창우 씨가 남편에게 말합니다.

"저도 교회 한번 가보겠습니다."

술이 덜 깬 목소리였지만 그 영혼은 잠에서 깰 준비를 하는 듯했습니다. 창우 씨는 교회라는 말만 들어도 질겁하던 사람이었습니다. 우리 부부가 그 집에 차를 마시러 갈 때 건네주던 전도책자도 그 자리에서 내동댕이치는 사람이었습니다.

어느 주일, 남편이 한껏 들뜬 목소리로 전화를 했습니다.

"여보, 창우 씨가 내 차 탔어. 교회 가겠다고 말이야."

그때 떨리기까지 하던 남편 목소리가 아직도 귀에 생생합니다. 제가 주일마다 챙겨야 할 사람들이 생겼기 때문에 남편이 혼자 금림이 집에 갔던 것입니다. 데리러 가지 않으면 교회에 안 올 것 같다는 생각에 남편에게 매주 부탁을 했고 남편은 귀찮은 기색 전혀 없이 금림이를 태우러 가곤 했습니다.

이혼을 결심한 금림이와 창우 씨 부부는 함께 예배를 드리면서 서로를 겨누던 마음의 칼을 내려놓았습니다. 예배를 마친 후 잔디에서 점심을 먹는 것은 누구나 좋아하는 것 같습니다. 창우 씨 역시 나들이 온 것 같다며 잔디 위에서의 식사를 즐겼습니다. 그 이후로 금림이 부부는 자기네 차로 교회에 왔습니다. 저희 부부가 그러했듯이 금림이와 창우 씨도 '새가족반'에 적응하는 시간은 걸렸지만 점차 하나님을 배워나갔습니다. 그 결과 2007년, 부부가 함께 세례를 받았습니다.

제 남편이 구역장을 맡게 되었습니다. 교회 출석한 지 1년도 채 되지 않았는데 말입니다. 다른 구역장님을 볼 때마다 부러워했는데, 또 남편에겐 그런 일이 절대 없을 거라고 생각했는데 이런 날이 올 줄이야! 그뿐이 아닙니다. 창우 씨는 또 어떻고요. 창우 씨는 매주 장모님을 교회에 모시고 나온답니다. 금림이 역시 이웃언니를 전도했습니다. 그 이웃언니는 두 아들과 함께 교회에 다닙니다. 그리고 남편의 영혼구원을 위해 기도하고 있답니다. 금림이의 전도대상은 이웃에서 가족에게로 확대되었습니다. 그리고 그 열매 또한 풍성합니다. 언니네 가족, 오빠 모두 교회에 다니게 되었습니다. 그뿐 아니라 금림이는 타고난 목소리를 교회방송을 통해 맘껏 발휘하고 있습니다.

✚ 친구 석순이와 그 남편 신욱 씨 이야기입니다.

석순이는 부산 당감동에 살고 있습니다. 이들 부부는 놀러왔다가 교회에 가자는 권유를 받았습니다.

"주일날 점심도 먹을 겸 교회 올래?"

그 말에 선뜻 응한 석순이 부부는 트레이닝복에 슬리퍼 차림으로 주일날 나타났습니다. 정말 부담 없이 점심식사나 하러 온 복장입니다. 자기네는 교회와는 전혀 인연이 없다는 것을 시위라도 하는 듯 말입니다. 그도 그럴 것이 석순이는 불공을 드리던 친구입니다. 그러나 그 첫 발걸음을 놓칠 수야 없지요.

석순이가 매주 교회에 오게 된 이유는 남편의 체험담이 큰 역할을 했습니다. 석순이 부부는 책과 음반을 사기 위해 기독교 백화점도 자주 들립니다. 우리 부부도 찬양 CD를 선물로 받았습니다.

"복례야, 고마워. 교회로 불러줘서."

그런데 석순이 시어머니께서 부부를 닦달하셨습니다.

"종교를 그렇게 쉽게 바꾸는 게 아니다. 예부터 믿던 신을 제멋대로 바꾸면 식구가 아프든지 무슨 일이 꼭 생기는 법이다."

그리고 실제로 안 좋은 일이 생기면 부부 탓으로 돌리셨습니다.

"복례야, 어쩌면 좋니?"

남편과 저는 석순이 시어머님을 직접 찾아뵙기로 했습니다. 지나가다 들린 듯, 자연스럽게 말입니다. 그러나 푸짐한 과일바구니는 잊지 않고 챙겼습니다.

"그래, 생각난다. 을숙도에서 삼겹살을 구워 먹었었지. 그때가 그립구나."

"그러세요? 어머님, 저희 교회 한번 놀러오세요. 삼겹살 사드릴게요."

"우리 신욱이가 가까운 곳에 직장만 구하면 교회 다니마."

석순이 시어머님도 전에 이렇게 약속을 하신 적이 있다고 했습니다.

석순이는 직장생활을 하면서 시어머니까지 모시느라 힘든 생활을 계속했습니다. 게다가 신욱 씨가 울산에서 직장을 다니고 있었기 때문에 두 사람은 주말 부부였습니다. 그래서 토요일이면 머리도 식힐 겸 부부가 함께 우리 집을 찾곤 한 것입니다.

시어머니께서 약속을 하신 지 한 달도 안 되었을 때 신욱 씨에게 새로운 직장이 생겼습니다. 두 사람은 드디어 주말 부부생활을 끝낼 수 있게 되었습니다. 석순이 시어머니께서는 약속을 지키셨습니다. 이어 세례도 받으시고, 경로당에서 만난 친구분을 전도하시기도 했습니다.

석순이가 제사문제로 고민한 적이 있었습니다.

"제사를 안 지낼 수도 없고, 큰일이다."

"걱정 마, 하나님께 맡겨."

그때 저는 자신 있게 대답했었습니다. 역시 하나님께서 제사문제도 해결해주셨습니다. 시어머니께서 저토록 열심히 주님을 섬기니 말입니다.

석순이의 영혼을 살리신 하나님께서 고질병이던 중이염도 고쳐주셨습니다. 석순이는 친정식구들을 위해 기도하기 시작했고 직장동료들을 위해서도 기도했습니다. 친정부모님도, 직장동료도 모두 하나님 앞으로 나왔습니다. 그리고 딸의 세례식에 참석했던 어머니도 목사님 설교를 듣고 마음 문을 열고 이렇게 말씀하셨습니다.

"내가 장사한 지 30년째인데 이제 주일엔 쉬어야겠다."

그리고 집에 붙여놓았던 달마도와 부적도 몽땅 떼버리셨습니다. 한 주 후 친정어머니까지 모셔오니 그야말로 3대가 교회에 다니고 계십니다.

✚ 친구 창숙이 이야기입니다.

부산 신모라에 살고 있는 친구입니다.

한때 교회를 다녔던 창숙이도 저처럼 결혼 이후 교회와 멀어졌습니다.

"너네 계모임 친구들 다 우리 교회 다녀. 너도 나와."

"나도 결국에는 교회를 찾겠지. 하지만 교회에 대해서는 더 말하지 마. 다 아는 소리니까."

창숙이는 말꼬리를 돌려 내 말을 막았습니다.

창숙이 남편도 냉소적으로 한마디 했습니다.

"사람이 죽을 때가 되면 갑자기 바뀌는 법이야. 이제 관만 짜면 되겠네."

그 말이 거슬리기는 했지만 꾹 참았습니다. 그리고 시간이 지나다 보니 웬만한 말에는 끄떡도 안 하는 내공도 쌓였습니다.

2008년, 박순애 전도사님의 '신년 축복대성회'가 있었습니다.

"창숙아, 특별집회가 있는데 교회 한번 와볼래?"
"그러지 뭐."

창숙이는 그날 이후 지금까지 계속 예배에 참석하고 있습니다. 그러나 남편 지수 씨는 아내를 교회까지 태워다만 주고 자신은 예배에 참석하지 않았습니다. 예배 시간 동안 주차장에 있기도 하고, 근처 낚시터에서 시간을 보내기도 하면서 예배가 끝날 무렵이면 어김없이 돌아와 아내를 태워가는 성실성을 보여주었습니다.

예배를 안 드린다고 초조해할 필요는 없었습니다. 전교인 체육대회나 구역 족구 시합, 교구 식사당번 때면 마지못해서 이기는 하지만 참석을 하기 때문에 굳이 예배 시간이 아니더라도 지수 씨의 마음을 끄는 것은 많았습니다. 그 가운데 하나가 어느 장로님이 앞치마를 두르고 장화를 신고 설거지도 하시고, 밥솥도 옮기는 모습입니다.

남편을 위해 창숙이는 가까운 교회로 새벽기도를 다니며 '40일 작정기도'를 시작했습니다. 겨울이면 온몸이 얼어서 돌아왔지만 그런 것으로 지수 씨 마음을 움직일 수는 없었습니다.

"복례야, 내 소원은 남편이랑 같이 예배드리는 거야."

창숙이가 눈물을 보이며 말했습니다.

안타까운 마음에 저는 남편과 함께 창숙이네 집을 찾아갔습니다. 밤 9시가 넘은 늦은 시간 집 안에 들어서기 전에 우리 부부는 차 안에서 소리 내어 기도했습니다. 그리고 어떠한 말, 어떠한 반응에도 마음 상해하지 않기로 다짐했습니다.

그런데 지수 씨의 태도가 살갑기 그지없었습니다.

"조금만 기다려요. 국수 삶을 테니 드시고 가세요."

그리고 가는 길의 먹거리를 챙겨주기까지 했습니다. 그런데 우리 부부를 정말 놀라게 한 것은 지수 씨의 마지막 한마디였습니다.

"형님, 제가 조만간 교회에 갈 겁니다. 쫌만 참으세요."

결국 지수 씨도 예배에 참석했습니다. 2009년에는 그 집 두 아이와 우리 집 아들, 이렇게 셋이 함께 세례를 받기도 했습니다.

현재 창숙이는 본교 3층에서 새가족 접대로 섬기고, 석순이는 주일학교 선생님으로 섬기고 있습니다. 마치 도미노처럼 이런 아름다운 일이 계속 진행되니 틀림없이 하나님의 나라도 쉬지 않고 확장되고 있을 것입니다. 예수님의 '씨 뿌리는 자'의 비유가 떠오릅니다. 좋은 땅에 뿌려진 씨앗은 "말씀을 듣고 받아 삼십 배, 육십 배, 백배의 결실을 하는 자니라"(마가복음 4:20)라고 말씀하셨습니다. 원래 씨앗 하나는 5-15배로 불어납니다. 그러니 예수님이 말씀하신 대로 삼십 배, 육십 배, 백배는 정상적인 숫자가 아니라 기적의 숫자입니다. 전도는 곧 이러한 기적을 의미합니다. 그리고 이러한 기적을 일으키는 능력은 바로 '복음의 능력'에서 나옵니다.

'하나님, 좋은 밭의 친구들을 주셔서 감사합니다.'

*****
윤복례 집사는 최근 3년 동안 43명을 전도했고, 그중 3명이 세례를 받았다.

숨길 수 없는
복음의 빛

박경희 집사(이영배 교구, 서홍식 구역)

—

역시 주님의 품은 따뜻해

푸른 산자락 밑의 작은 교회, 뾰족탑과 십자가, 정겨운 시골 교회의 풍경입니다. 어린 시절을 외할머니 댁에서 보낸 저는 이러한 아담한 교회에 다녔습니다. 성탄절이 되면 얼마나 들떠 신났는지 모릅니다. 여름성경학교도 즐거운 추억거리입니다. 그러나 중학생이 된 후로는 교회에 가는 횟수가 줄어들어 이따금 친구에게 등 떠밀려 갔을 뿐입니다.

나이가 들수록 삶은 복잡해지고, 제 맘대로 통제할 수 있는 영역이 점차 줄어들었습니다. 마치 땅따먹기에서 밀리듯 저는 더 이상 어린 시절의 꿈과 기쁨을 지킬 수 없었습니다. 대신 삶의 고단함과 고통이 날로 쌓여갔습니다. 이 상황에서 제가 찾은 탈출구는 술이었습니다. 술과 함께 제 인생은 흘러갔고, 제 마음 속엔 원인 모를 원망과 분노가 자주 고개를 내밀었습니다. 제 삶은 늘 불안했고, 운전석에 앉아 있을 때에도 마치 뒷좌석에 누군가 앉아 있는 듯한 착각을 일으켰고, 혼잣말도 곧잘 했습니다.

그러던 어느 날 문득 교회에 가고 싶다는 생각이 들었습니다. 어쩌면 제 속에 고이 간직해온 어린 시절에 대한 그리움 탓인지도 모릅니다. 또 제가 운영하고 있는 조그마한 옷가게에서 자주 교인들을 대한 것도 한 이유였을 겁니다. 특히 세계로교회에 다니시는 어느 집사님은 제게 각별한 관심을 보이셨습니다. 제 이야기에 귀를 기울이시고, 새로운 손님들도 소개해 주셨습니다. 이분에 대한 고마움의 표현으로 교회에 한번 가야겠다는 마음을 가졌습니다.

세계로교회에 처음 갔을 때 여름집회가 열리고 있었습니다. 그 집회에서 장경동 목사님을 뵈었습니다. TV에서도 뵌 분이라 낯설지 않았고, 설교 말씀 또한 저를 위한 것 같았습니다. 저도 모르게 눈물이 주루룩 흘렀습니다.

'이제야 내 집에 왔구나! 왜 진작 돌아오지 않았을까?' 하는 회한과 회개가 범벅된 눈물이 되어 흘렀습니다. 그리고 제가 그 동안 상처를 주었던 사람들이 떠올랐습니다.

'내가 왜 그런 짓을 했을까?'

뒤늦은 회개였지만 하나님의 품은 여전히 따뜻하고 든든했습니다. 아마 제가 그 품으로 돌아오지 않았더라면 자살을 기도했을지도 모릅니다.

예배를 통해 잃었던 소망을 회복했습니다. 제 삶이 달라지고, 제 모습이 달라지기 시작했습니다. 스스로 놀랄 정도로 저는 새 사람이 된 것입니다. 그리고 제가 받은 이 선물을 다른 사람들과도 나누고 싶다는 마음을 주체할 수 없었습니다.

'그런데 어떻게 전하지?'

제 성격상 처음부터 "교회 같이 가자."라는 말은 하기 힘들었습니다. 저는 먼저 관계를 형성하고 나서 하고 싶은 말을 하는 것이 편했습니다. 아무리 제가 성경도 잘 모르고, 신앙생활도 초보지만 "예수 믿고 천당 가야지." 또는 "예수 안 믿으면 지옥 간다."라는 식으로 전도하는 것이 썩 내키지 않았던 것입니다. 아마 하나님의 은혜, 죄, 십자가의 죽음, 부활, 이러한 단어를 키워드로 하는 복음이 현대인들에겐 허공의 뜬소리로 들릴

지도 모른다고 지레짐작했기 때문인지도 모릅니다. 그러나 그 단순함 속에 하나님의 신비한 능력이 담겨 있다는 것을 저는 믿습니다.

"언니, 종교가 뭐야?"

송주가 물었습니다. 이런 질문을 한다는 것은 저랑 그만큼 가까워졌다는 표시이기도 합니다.

"교회 다녀."
"그래? 난 절에 다니는 줄 알았지. 나는 절에 다녀. 언니도 점집 찾아다니는 것 좋아할 것같이 보이는데,"

이 말에 우리는 서로 마주보며 막 웃었습니다.
사실, 그 말이 맞긴 맞습니다. 저는 점집을 자주 찾았고, 부적을 쓰는 것은 물론 굿도 한 적이 있었으니 말입니다.

"내가 어떻게 변했는지 말해줄까?"

저는 송주에게 제 이야기를 들려주면서 비로소 복음을 전하게 되었습니다. 송주는 친정어머니와 함께 절에도 가고 새벽마다 불교식예배도 드리는 열렬한 불교신자였습니다. 그렇지만 저는 제가 다니고 있는 교회가 얼마나 좋은지 거듭 이야기했습니다.

"나도 요즈음 참 힘든데, 언니 따라 교회에 한번 가볼까?"

송주는 직접 성경책을 사서 읽더니 곧 교회에 나타났습니다.

"송주야, 어머님도 함께 나오시면 좋겠다."
"응, 그렇지 않아도 엄마에게 말했더니 교회에 나가 내 맘이 편하다면 다니라고 하시는데, 하지만 나만 다니래. 언니, 우리 집에서 예배를 드려야겠어."

저는 목사님 부부와 구역식구들을 모시고 송주 집에 갔습니다. 송주 어머니께서는 손님상을 차려 주신 뒤 방으로 들어가 버리셨습니다.
목사님께서는 송주네 집에 붙어 있던 부적을 다 떼어 내셨습니다. 그리고 웃으면서 말씀하셨습니다.

"어머니도 교회에 한번 나오십시오."
"오시면 화분을 드릴게요."

사모님도 거드셨습니다.

"네."

송주 어머니는 내키지 않는 대답을 하셨지만 그 대답에 대한 약속을 지키시기 위해 교회에 나오셨습니다.

"딱 한 번 만이다."

그러나 설교를 들으신 후 상황이 달라졌습니다. 복음의 능력은 송주 어머니를 변화시켰습니다. 그리고 그 능력은 송주 어머니 안에만 갇혀 있지 않았습니다. 이어 송주 남편, 언니에게까지 전해져서 지금은 모두 예수님을 믿는 가정이 되었습니다. 주일마다 송주네 가족은 맨 앞줄에 앉아 설교를 듣고 있습니다.

송주 어머니는 칠십 세이십니다. 우리 주님은 그 긴 세월 굳어진 틀을 단번에 깨뜨려 거듭나게 하시는, 살아계시고 일하시는 하나님이십니다.

남편과 저는 회를 좋아합니다. 횟집에 자주 가다 보니 횟집 주인인 재희 언니와도 스스럼없는 사이가 되었습니다.

"저도 교회에서 결혼했어요. 목사님이 주례를 서주셨지요. 그런데 교회가 창원에 있다 보니 지금은 다니지 않아요."

'옳거니!'
저와 남편은 횟집에 갈 때마다 의도적으로 교회 이야기를 꺼내곤 했습니다. 목사님이 얼마나 훌륭하신지, 얼마나 열정적인지 몇 번씩 이야기를 했습니다. 또 옷을 사러 저희 가게에 오면 값도 많이 깎아주었습니다. 먹을 것도 가끔 싸들고 갔고, 심지어 언니 부부의 생일까지 챙겼습니다. 언니는 감동했습니다.
'나도 잊고 있는 생일을 챙겨주다니.'
그 무렵 '노사연초청집회'가 있었습니다. 좋은 기회라는 생각이 들어 자연스럽게 언니를 교회에 초대했고 예배에 참석한 언니는 호기심과 흥미를 느꼈습니다. 잔디에서 식사하는 것도 맘에 들어 했고, 친절하기 그지없는 사모님에게도 호감을 보였습니다.

"어때 언니?"
"괜찮은 것 같아. 그런데 가게 일이 바빠서 자주 비울 수가 없네."

언니는 한참 지나 세례는 받았지만 예배에는 꼬박꼬박 참석하지 못해 무척 안타깝고 속상했습니다.

교회에 나오기 힘든 사람은 교회가 찾아가면 되겠다는 생각이 들었습니다. 예수님을 믿는 우리는 모두 움직이는 교회니까요. 교회에서도 배려를 해주셨습니다. 초청강사 식사대접이나 가족식사 때 언니네 횟집을 예약하기도 했습니다.

그래도 제 마음 한구석은 늘 아쉬움이 남아 있었습니다.

"언니, 언니가 주일날 자유롭게 교회에 나오면 좋을 텐데."
"글쎄 나도 그러고 싶은데 가게 문을 무작정 닫을 수도 없고 고민이네."

지금은 주일마다 횟집 문을 잠시 닫습니다. 상황이 여의치 않을 때에는 다른 사람에게 잠시 맡기기도 합니다. 언니뿐만 아니라 형부랑 아들도 모두 함께 세례를 받고 예배에 참석합니다. 언니에게 교회 이야기를 한 지 3년이 지났습니다. 언니의 마음 밭도 좋은 밭이라 받은 복음을 열심히 전합니다. 그 가운데 외국인 부부도 있습니다. 언니는 모두 6명이나 전도했습니다. 그러나 가족들 가운데 아직 예수님을 모르는 분들이 있어서 열심히 기도하며 전도할 목표를 세우고 있는 중입니다.

주변이 온통 복음의 밭으로 보여요

예수님을 알고부터는 길을 가면서도 건성건성 보지 않습니다. 동네에 가게 하나가 새로 생겨도 모두 복음의 씨앗을 뿌릴 밭으로 보였습니다. 인테리어 소품과 가구를 파는 상점이 생겼습니다. 들어가 이리저리 둘러보는 순간 장식장 위에 조각상이 눈에 띄었습니다. 십자가를 메고 계신 예수님의 형상이었습니다.

"교회 다니시나 봐요?"
"안 다니는데요."

'옳거니, 이분을 전도해야겠구나.'

전도를 하려면 전도 대상자 앞에 자주 자신을 노출시킬 필요가 있습니다. 선물을 살 일이 있으면 어김없이 그 상점을 찾아갔고 지나가는 길에도 수시로 들렸습니다. 얼굴을 자주 대하다 보니 자연스럽게 대화가 오가게 되었습니다.

"언제부터 이런 일을 하셨어요?"
"이 가게를 열기 전에 김해에서 가구점을 한 적이 있어요."
"김해요? 어쩐지 낯이 좀 익다했어요. 저도 김해에 살았거든요. 그러고 보니 저도 그 가구점에서 가구를 산 적이 있어요."

대화는 정겹게 이어졌습니다.

"저는 김해에서 미용실을 했었어요."
"아 맞다. 그 미용실 자주 갔어요."
"그럼 언니나 나나 서로 손님이었던 셈이네요."

새로운 전도 대상자를 마음에 담자마자 신이 나서 구역장님에게 알렸습니다.

"구역장님, 전도할 사람 생겼어요."

구역장님과 함께 집중 공략을 시작했습니다. 손님도 소개해 주고, 마실 것도 사다 드리면서 자주 가게를 들락거렸습니다. 그러던 중 어느 날 저는 고민과 걱정거리를 언니에게 눈물콧물 다 쏟으며 털어놓다가 간증을 하게 되었습니다.

제 말을 들으며 언니도 눈물을 글썽이면서 교회에 관해 이런 저런 것들을 물었습니다.

"보나마나 남편이 말리겠지만 교회에 한번 가볼게."

언니가 교회에 다니는 것을 좋아하자 형부도 더 이상 말리지 는 않았습니다.

"당신이 교회 다니면서 밝아진걸 보니 반대는 안 하겠는데 나한테 같이 다니자는 말만은 하지 마."

그러나 이미 언니 안에 복음이 들어간 상태인데 가만히 있을 수 있겠어요? 끈질기게 남편과 아들을 졸라 결국 전도에 성공

했습니다. 군대 간 큰아들마저도 휴가 나왔다가 언니에게 두 손을 들었지요. 심지어 둘째 아들의 여자친구, 가게에서 함께 일하시는 분에게까지 복음을 전했습니다. 전에 살던 김해까지 가서 친구를 데리고 교회에 나올 정도니 복음에 대한 열정을 누가 말리겠습니까.

늘 알고 지내던 사람일수록 교회 이야기 꺼내기가 힘들 때가 있습니다. 다른 이야기를 할 때엔 화기애애하지만 정작 교회 이야기를 할라치면 어색한 표정에 입이 잘 떨어지지 않습니다. 은선이가 바로 그런 대상이었습니다. 은선이는 입버릇처럼 말했습니다.

"고마워, 언니. 내가 밥 한번 살게."
"밥 대신 부탁 하나 들어줄래?"
"무슨 부탁인데요?"
"교회에 세 번만 나와 줘."
"갈게요, 그런데 지금 말고 나중에."

그러나 은선이는 간다는 말만 하고 계속 요리조리 피했습니다. 더 이상 기다릴 수가 없어서 하루는 단호한 어투로 말했습니다.

"이번 주엔 무조건 와."
"언니, 미안하지만 다음 달에 꼭 갈게요."

그래서 한 번 더 기다려주기로 했습니다. 그리고 빨리 다음 달이 되기를 기다렸습니다.

"이제 교회 가야지?"
"그래요, 갈게요."

그런데 은선이가 오기로 한 주일이 1년에 한 번 돌아오는 식사당번 날이었습니다.

"은선아, 내가 식당봉사를 해야 하거든. 좀 도와줄 수 있겠니?"

은선이는 설거지는 자신 있다면서 기꺼이 응했습니다. 사실 설거지가 쉬운 일은 아닙니다. 그래도 은선이는 앞치마를 두르고 설거지를 했습니다. 그러한 은선이의 모습을 보니 그동안 조마조마하던 마음이 일시에 사라져버렸습니다.

은선이와 함께 첫 예배를 드리던 날 찬양을 할 때 제가 눈물을 흘렸는데 그 모습이 은선이게는 낯설었었나 봅니다. 그런데 두 번째 주에는 은선이가 눈물을 펑펑 쏟는 거예요. 마음이 찡했습니다.

'에고, 너도 힘들구나. 곧 다 쏟아놓게 될 거야.'

은선이는 두 번째 주에도 식당봉사로 거들었습니다.

약속한 세 번째 주일이 되자 조금 걱정이 되었습니다. 마치 세 가지 소원 가운데 두 개를 이미 사용한 것 같은 느낌이었습니다. 게다가 교회 나올 때마다 힘들게 설거지를 했으니 이번 주는 안 나올 수도 있겠다는 생각이 드는 겁니다. 그래서 계속 기도를 했더니 하나님께서 제 마음에 확신과 평안을 주셨습니다.

은선이는 어김없이 나타났습니다. 이번에는 둘이 함께 눈물을 쏟으며 예배를 드렸습니다. 둘 다 토끼눈처럼 벌개져서는 마주 보고 웃었습니다. 은선이를 데리고 목사님을 뵈러 갔습니다. 목사님께서 은선이에게 큰 화분을 주셨습니다. 사모님도 은선이를 꼭 안아주셨습니다. 사모님과 이야기를 나누던 은선이가 갑자기 울기 시작했습니다. 너무 크게 우는 바람에 당황하기도 했지만 그 눈물의 의미가 가슴 속으로 전해졌습니다.

그 후 은선이는 남편에게도 복음을 전하고 구역모임에도 참석하고 있습니다. 구역식구들은 영적 새내기 은선이에게 듬뿍 사랑을 쏟고 있습니다.

20년 지기 언니가 있습니다. 친언니 못지않습니다. 같은 동네에 살다가 제가 이사를 오는 바람에 전화상으로만 안부를 주고받고 있었습니다. 교통편이 마땅치 않으니 직접 얼굴 대할 기회가 없었습니다.

작년인가요. 목사님께서 종이를 한 장씩 나누어 주셨습니다.

"그 종이에 전도할 사람들 이름을 15명씩 적으세요."

이름을 적다가 갑자기 언니 생각이 나더니 눈물이 났습니다. 그렇게 오랫동안 알고 지냈으면서 한 번도 전도를 안 했다는 사실에 마음이 아팠습니다. 언니의 이름을 적자마자 기도하기 시작했습니다. 1년이 넘게 기도를 했지만 이렇다 할 반응이 없었습니다.

'좀 더 세게 밀어붙여 볼까?'

언니는 보험회사에 다녔습니다.

"언니, 우리 교회에 보험 들 사람이 있는데 와서 상담 좀 해줄래?"

마침 전도만 할 수 있다면 기꺼이 보험을 들겠다는 분이 계셨습니다. 언니는 보험 때문에 교회에 온 것이 미안했는지 한 번 더 오겠다고 약속을 했고 그 약속을 지켰습니다. 새로 교회를 찾는 모든 분들처럼 언니도 목사님이랑 사모님을 뵙고 이야기를 나누었습니다. 그 후 언니는 매주 딸 수현이를 데리고 교회 차를 이용해서 김해에서 이곳 세계로교회까지 옵니다.

언니는 교회에 다니게 되니 고민거리가 생겼습니다.

"내가 절에 다닐 때 붙여 놓았던 부적 있잖아. 어떻게 해야 하지? 염주도 있는데."

그래서 목사님께 도움을 청했습니다. 목사님께서는 부목사님과 집사님을 언니네 집에 보내주셨습니다. 그리고 기도하시고 이 골칫덩이 물건들을 다 정리해주셨습니다. 그 후 언니에게서 전화가 왔습니다.

"다 처리해 주셨어. 그런데 기도할 때 왜 그렇게 눈물이 났는지 모르겠다. 아무튼 모두 고마워."

복음은 전해야 합니다. 복음은 전할 때 그 신비한 능력이 드러납니다. 복음에는 하나님 나라의 비밀이 들어 있습니다. 생명력이 넘칩니다.

*****
박경희 집사는 최근 3년 동안 118명을 전도했고, 그 가정을 통해 13명이 세례를 받았다.

엉킨 실타래의
끄트머리를 찾다

양호구 집사(방용원 교구, 양호구 구역)

—

인생의 바닥을 치고 나서

세계로교회에 처음 가게 된 것은 처형과 동서(세계로교회 담임
목사)의 끈질긴 권유 때문이었습니다. 저는 진주에 살고 있었기
때문에 세계로교회까지 가려면 승용차로 꼬박 한 시간 정도 걸
렸습니다. 그런데 예의상 1년에 한두 번 찾는 교회인데 집회 내
내 눈물이 계속 쏟아지는 겁니다. 가슴 깊이 터져 나오는 울음
인지라 제 의지로 누를 수가 없었습니다. 그 와중에도 옆 사람
이 신경 쓰여 걱정이 되었습니다. 그래서 이를 악물고 소리를
죽였습니다. 제 자신도 이해할 수 없는 눈물인데 다른 사람들은
얼마나 기이하게 여길까?

저는 엄격한 유교 집안에서 자랐습니다. 교회를 다닌다는 것은 상상도 해본 적이 없습니다. 그러나 하는 일마다 제대로 되는 일이 없었습니다. 전공에 맞는 직장을 찾았지만 3년 만에 관두었습니다. 먹고 살기 위해 보험이랑 자동차 영업을 했지만 빚만 늘어날 뿐이었고 결국 연고지도 없는 청주까지 가서 3년간 포장마차에서 장사를 했습니다. 다시 고향으로 돌아와 작은 분식점을 시작했습니다. 역시 이것도 잘 되지 않았습니다. 뾰족한 방법도 없었고 자존심이고 뭐고 다 내동댕이치고 어떻게 해서라도 먹고 살 궁리를 해야 했습니다. 결국 목사인 동서에게 자문을 구했습니다. 이렇듯 애타는 내 마음을 아는지 모르는지 형님은 늘 같은 말만 했습니다.

"양 서방, 세상에서 방법을 찾지 말고, 하나님에게서 찾아. 일단 교회에 나와. 그래야 문제가 풀릴 거야. 삶도 회복되고, 우리 집 사람이랑 날마다 기도하고 있으니 교회에 나와."

삶이 힘들다 보니 더 이상 버틸 수가 없었습니다. 그래서 지푸라기라도 잡는 심정으로 교회에 나가기로 결심한 후 아내에게 말했습니다.

"아무래도 교회에 나가야겠어."

교회에 나간다고 하면 부모님께서 펄쩍 뛸 것이 뻔했습니다. 그러나 더 이상 무거운 짐에 짓눌려 있을 수가 없었습니다. 또 교회 인근에 삶의 터전까지 생겼습니다. 이사 과정에서도 보이지 않는 도움의 손길을 체험했습니다.

교회를 다니고 첫 명절을 맞이할 때 우려하던 일이 현실로 나타났습니다. 제사상 앞에서 절 대신 기도를 하는 우리 부부를 보신 어머니는 엄청난 충격을 받으셨습니다.

"아들 하나 없는 셈 칠 테니 아예 집에 오지 마라."

어머님의 분노는 쉽게 사그라지지 않았습니다. 그러나 우리 부부의 삶이 변화되는 것을 지켜보시면서 그 마음이 점차 누그러지시더니 마음의 문을 여셨습니다.

다른 사람을 위해 기도할 때 더 큰 행복을 느꼈습니다. 또 다른 사람을 섬길 때 왜 그리 행복하던지 도무지 지금까지 알던 셈법으로는 풀리지 않는 신비였습니다. 그동안 내 자신 하나도 추스르지 못하고 아등바등 거리던 내가 남에게 조금이나마 도움이 된다고 생각하니 뿌듯하고 하나님께 저절로 감사가 나왔습니다.

역시 처형의 말씀이 맞았습니다. 하나님 앞으로 나오니 복잡하게 얽혀 도저히 풀 수 없었던 실타래의 끝이 선명하게 보였습니다. 이제 그 끝을 잡고 풀어내기만 하면 됩니다.

복음의 빚을 갚기 시작하다

목사님 설교에 가장 많이 등장하는 것이 '전도'였습니다. 전도가 그만큼 중요하다는 뜻이겠지요. 그러나 전도라는 것이 더 이상 남의 일이 아니라는 것을 알기에 제겐 큰 부담이 되었습니다. 값없이 받았으니 값없이 주는 것은 당연한데 그 주는 과정이 제겐 익숙하지 않았습니다.

'값없이 받은 선물을 도대체 어떻게 전해야 할까?'

우리 가게 벽엔 성구가 걸려 있습니다. 그 성구에 관심을 보이는 손님들이 간혹 있지요. 그러면 기회다 싶어 얼른 한마디 권합니다.

"쉬러 온다고 생각하고 교회 한번 나와 보세요."

그리고 TV채널도 항상 CTS방송으로 고정시켰습니다.

제자훈련까지 받고 나니 전도를 더 이상 미룰 수 없게 되었습니다. 무조건 전도 대상자를 찾아야 했습니다.

✚ 인숙 씨 부부 이야기입니다.

"여보, 옆 가게의 인숙 씨 어때요?"

옆 가게의 인숙 씨에게 복음을 전했습니다. 그런데 인숙 씨는 부족한 것이 별로 없어서 그런지 쉽게 마음 문을 열지 않았습니다. 그런데 어느 날 인숙 씨가 교통사고를 당해 병원에 입원하게 되었습니다.

'드디어 기회가 왔구나!'

아내와 함께 여러 번 병문안을 갔습니다. 인숙 씨 가정은 술로 인해 힘든 일이 많다는 것을 듣게 되었습니다. 우리도 지난 삶을 이야기하면서 어떻게 새 삶을 살게 되었는지 밝혔습니다. 결국 인숙 씨는 교회에 나오라는 권유를 더 이상 뿌리칠 수 없었는지 교회에 나왔습니다. 인숙 씨 남편에게도 전도를 했지만 쉽게 이전의 삶을 포기할 것 같지 않았습니다. 사람의 힘으로는 그 마음을 도저히 바꿀 수 없었습니다. 술의 지배를 받는 인숙 씨 남편은 가족과의 관계도 모두 무너져 내린 상태였습니다. 그러던 어느 날 인숙 씨의 남편에게서 전화가 걸려왔습니다. 만취한 목소리였습니다.

"우리 마누라 좀 데려가쇼."

아내와 저는 얼른 그 집을 찾아갔습니다. 그리고 한 시간이 넘도록 술주정을 듣다 왔습니다. 이런 해프닝은 한두 차례 더 계속되었습니다. 그래도 무던하게 그 술주정을 받아주던 우리 부부의 진심이 통했나 봅니다.

"정 그렇다면 딱 한 번만, 진짜 딱 한 번만 교회에 가지요."

그런데 딱 한 번을 통해 성령님은 그를 완전히 바꾸어 놓으셨습니다. 인숙 씨 부부는 계속 교회를 다니게 되었고, 무너지기 일보 직전이던 가정이 회복되기 시작했습니다. 부모와 늘 갈등을 빚던 딸도 디자이너의 꿈을 갖게 되었습니다. 하나님이 이 가정을 아름답게 빚어가셨습니다.

✚ **철옥이 엄마 이야기입니다.**

가게에 올 때마다 교회에 오라는 말을 빠뜨리지 않았습니다. 마음에도 없는 물건을 자꾸 권하면 다시는 그 가게 앞도 지나가기 싫은 법이지만 철옥이 엄마는 변함없이 가게를 찾았고, 마을 잔치에 사용할 수육주문을 소개하기도 했습니다. 그리고 본인은 교회에 안 나오면서도 "이 양반 좀 교회에 데리고 가요." 하면서 '은희 여사'를 소개해주기까지 했습니다. 지금은 집사님이 된 은희 여사의 어머님은 권사이셨답니다. 어머니 살아생전에는 교회에 발도 안 붙이던 은희 여사가 지금은 두 딸과 남편이 예수님을 영접하게 해달라고 기도하고 있습니다. 은희 집사님은 친한 친구 황선옥 여사를 전도했습니다. 황선옥 여사는 교회를 통해 섬김의 기쁨을 한껏 누리고 있습니다.

✚ **또 누가 있을까요?**

문시천 · 이정자 집사, 오수찬 · 이희정 성도, 강종순 집사, 하대식 · 이영임 집사, 염성현 · 장혜인 집사, 나대봉 · 김선애 성도… 이분들 모두가 저희 가게 손님이셨습니다. 그런데 지금은 함께 교회에 다니고 있답니다. 1년에 한 번 연례행사처럼 교회를 찾는 이도 있습니다. 제 고향친구들과 술친구들입니다. 특별집회나 행사 때 이들을 초청합니다. 1년에 한 번이라도 교회와 연을 맺으면 언젠가 하나님과도 연을 맺을 겁니다.

좁은 주거 공간으로 인해 아내와 다툰 적이 있습니다. 소형 임대아파트에 살았을 때 아내는 조금이라도 공간을 더 넓게 사용하겠다고 자주 살림살이 위치를 바꾸었습니다. 어느 정도 익숙해질 만하면 또 바꾸는 바람에 정신도 사납고 불편하기도 했습니다.

"여보, 제발 그 자리에 그냥 좀 놔둬."

결국 아내와 다투고 말았습니다. 아내는 집을 나가더니 두 시간 만에 돌아왔습니다. 마음이 많이 상했나 봅니다. 가만히 생각하니 다 제 탓인 것 같았습니다. 제가 능력만 있었다면 더 넓은 곳에서 여유롭게 살았을 텐데 말입니다. 아내의 상한 마음을 위로해달라고 기도했습니다. 그리고 또 한 가지 더 기도했습니다.

"하나님, 주거 공간을 넓혀주세요."

주거 공간이 넓어지면 아내도 기뻐할 것이고, 구역모임도 궁색하지 않게 할 수 있으니 말입니다. 이 기도가 1년 만에 응답을 받았습니다. 좀 더 쾌적하고 넓은 아파트로 이사를 가게 되었습니다. 부모님은 물론 누나네 가족, 여동생 가족을 우리 집으로 모두 초대했습니다. 그리고 함께 예배를 드렸습니다. 예수를 믿는다고 아들 취급도 안 하시겠다던 부모님이셨습니다. 큰동서는 또 어떻고요. 교회 이야기만 꺼내도 손사래를 치던 분이 얼마 전에 세례를 받았습니다. 저희 가정의 달라진 모습을 모두 두 눈으로 확인했습니다. 이보다 설득력 있는 증거가 어디 있겠습니까? 게다가 가족 모두가 모여 예배를 드렸으니 이보다 더 큰 축복이 어디 있겠습니까?

큰동서가 세례를 받던 날 전 너무 기뻐 눈물을 흘렸습니다. 하나님 외에 누가 이런 일을 하실 수 있겠습니까? 우리가 정말 예수님을 믿는다면 복음의 능력도 믿어야 합니다. 3년 동안

165명을 전도했다고는 하나, 어떻게 이것으로 제가 진 빚을 다 갚겠습니까? 주님 앞에 서는 날까지 평생 복음의 빚을 갚을 것입니다.

*****
양호구 집사는 최근 3년 동안 165명을 전도했고, 그중 7명이 세례를 받았다.

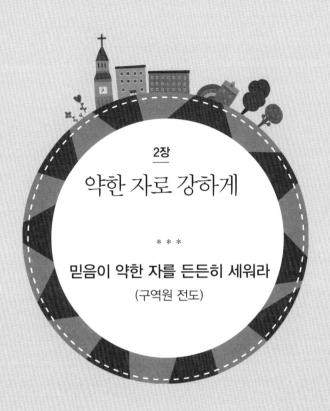

2장

약한 자로 강하게

* * *

믿음이 약한 자를 든든히 세워라

(구역원 전도)

미련한 아내와
지혜로운 아내

김종희 집사(김영환 교구, 김영환 구역)

—

남편을 주님처럼 섬겨라

남편은 사고를 당해 오른쪽 손가락 두 개를 잃은 뒤 술과 여자와 게임에 빠져 헤어나지 못했습니다. 한번 게임을 시작하면 날밤을 새우는 것은 기본이고 컴퓨터 앞에서 밥을 먹는 것도 물론이고, 소변이 마려워도 앉은 채 조금식 싸서 말려 가면서 게임을 했습니다. 남편의 생활은 거의 폐인 수준이었습니다.

2003년 2월, 지인의 소개로 광양에서 진해로 이사를 했습니다. 남편이 지게차 일을 할 때 알게 된 분입니다. 이사를 온 후 세계로교회 집사님들이 '좋은 이웃' 책자를 건네며 제게 복음을 전했습니다. 저는 그 초청에 응해 교회에 등록을 했습니다.

교회에 등록한 지 6개월 정도 지나 제자훈련을 받던 중이었습니다.

목사님은 제 마음에 깊이 꽂히는 말씀을 하셨습니다.

"남편이 변하지 않는 것은 아내가 지혜롭지 못하기 때문입니다."

"자신이 먼저 바뀌지 않으면 세상은 절대 바뀌지 않습니다. 1년 고생하고 평생을 편하게 살겠습니까? 평생을 지금처럼 살겠습니까?"

"1년 고생해서 평생을 편하게 살고 싶습니다."

"그럼 당장 내일부터라도 새벽기도에 나오고 남편이 아무리 개떡 같아도 주님처럼 섬기세요."

저는 마음을 다잡아먹고 주님께 부르짖었습니다. 그리고 정성을 다해 남편을 섬겼습니다. 남편이 게임을 하고 있을 때에는 어깨를 주물러주기도 했습니다. 하루에 열 번씩 고맙다는 문자를 보내고, 퇴근하면 발도 씻겨주었습니다. 그리고 게임 할 때 밥도 떠먹여 주었습니다. 그러면서 틈틈이 교회분들 자랑을 했습니다. 사실 안 하던 행동을 하려니 당장 때려치우고 싶은 생각이 하루에도 열두 번도 더 들었습니다. 계속 참기만 하니까

속에서 천불이 나 당장이라도 폭발할 것 같았습니다.

그런데 남편은 한술 더 떠서 이렇게 말하는 것입니다.

"너 교회 다니더니 반미치광이가 다 되었구나."

맞습니다. 제가 미쳤습니다. 미치지 않고서 어떻게 이런 남편을 섬길 수 있겠습니까? 다만 저는 예수님께 미쳤을 뿐입니다. 그러나 그 말을 듣는 순간 자존심이 박살이 나면서 남편을 한 대 쥐어박고 다 포기하고 싶은 생각이 불쑥 솟았지만 그래도 참아냈습니다. 대신 교회에 와서 바닥을 치며 미친 듯이 울부짖었습니다.

"하나님, 제 힘으로는 도저히 못 하겠습니다. 제발 제게 힘을 주세요. 1년만이라도 버틸 힘을 주세요."

제 기도를 들으시는 하나님은 매일매일 참아낼 수 있도록 새 힘을 주셨습니다.

목사님이 말씀하셨습니다.

"남편을 세우려면 남편이 좋아하는 것만 하면 됩니다. 지혜로운 여자는 남편에게 물어보고 남편이 좋아하는 것만 하는 여자이고, 미련한 여자는 내 생각에 남편이 좋아하는 것을 정해 놓고 내 맘대로 하는 여자입니다."

그래서 남편에게 물었습니다.

"내가 뭘 해주면 좋겠어요?"
"난 다 필요 없고 내가 하고 있는 게임을 당신이 배워서 점수 좀 올려주면 좋겠어. 당신이 게임 점수를 50까지만 올려주면 교회에 나갈 마음이 있는데."

저는 밤새도록 그 게임을 배워서 점수를 올려주었습니다. 이런 식으로 남편이 한두 번씩 교회에 나오게 되었습니다.
전교인 새벽기도회 때의 일입니다.

"여보, 당신이 새벽기도에 한 번만 같이 나가면 당신 맘에 드는 컴퓨터 사줄게."
"정말? 당연히 나가야지."

남편은 입이 함박만 해져서 새벽기도까지 나왔습니다. 그날 새벽 남편은 하나님을 만났습니다. 그 후 '40일 작정기도'가 있었습니다. 남편은 40일간 술을 입에도 안 대고 기도회에 참석했습니다. 휴대폰에 저장된 여자 전화번호도 지우고 게임도 끊었습니다. 손가락이 없는 것을 감추느라고 10년 넘게 끼고 다니던 장갑도 벗어 던졌습니다.

남편의 변한 모습에 제가 더 놀랐습니다. 하나님은 제가 생각했던 것보다 훨씬 크시고, 복음의 능력은 제가 체험했던 것보다 훨씬 더 강력했습니다. 남편은 성령으로 거듭난 후 11개월 만에 구역장 직분을 맡게 되었습니다.

남편이 변화하기까지 우리 구역장님과 제자훈련에서 만난 동역자들의 기도와 섬김이 있었습니다. 구역장님은 경조사는 물론이고 우리 가족의 생일까지 챙겨주셨습니다. 좋은 물건이나 맛있는 것이 생기면 직접 들고 오셔서 저를 위로하고 격려해 주셨습니다.

제자훈련 동기들과 부부 동반해서 기도회를 한 적이 있는데 그때 서로의 형편을 다 알게 되었습니다. 그 후 우리는 기도동역자가 되어 새벽기도와 철야기도에 함께 참석하고 '부부전도팀'을 만들어 전도를 시작했습니다. 저희는 토요일마다 모여 전도비용으로 5만 원씩 거둬 동네와 노인정을 돌아보았고 2백여 명 정도 전도했으며 그 가운데 십 분의 일이 세례를 받았습니다. 하나님께서 저희 '부부전도팀'을 마음껏 사용하시기를 기도합니다.

섬김이 곧 복음

남편이 구역장이 되어 구역원 명단을 받았습니다. 모두 열두 가정이었는데 그 가운데는 교회에 처음 등록하신 분, 등록은 했으나 1년에 한두 번 나오시는 분, 전도 주간에만 나오시는 분들이 대부분이었습니다. 전에 저희 구역장님이 하시던 대로 저도 구역원 명단을 들고 새벽마다 이름을 부르며 기도했습니다.

새벽예배 때 목사님께서 말씀하셨습니다.

"한 사람을 알게 되면 서른 번을 찾아가세요. 만일 서른 번으로 안 되면 백 번이라도 찾아가세요. 백 번으로 안 되면 끝까지 찾아가세요. 때를 얻든지 못 얻든지 전하는 것이 하나님의 명령입니다. 우리는 그 명령만 따르면 됩니다."

그날 저녁 남편과 함께 과일 한 상자를 샀습니다. 그것을 열두 개 봉지에 나눠 담고, 예쁜 카드에 정성스럽게 글을 적었습니다. 아이 둘을 앞세우고 우리 구역원들 집을 모조리 찾아갔습니다. 단 한 가정만 우리를 반겨주었습니다.

"이제 더 찾아오지 말아요."
"예수쟁이들 오면 재수가 없어."

험한 말들을 하시는 분도 있었지만 마음을 다잡았습니다. 그리고 끈질기게 다시 찾아갔습니다. 이틀에 한 번씩, 또 저녁에는 남편과 함께 일주일에 한 번씩 찾아갔습니다. 여전히 냉랭했고 예닐곱 번째쯤 되니까 아예 문도 열어주지 않는 겁니다. 방에 불이 켜져 있고, TV소리가 나는 걸 보면 분명히 사람이 있는데도 말입니다.

어느 새댁은 문을 열어젖히더니 단호하게 말했습니다.

"저 너무 귀찮거든요. 좀 안 오시면 안 되나요?"
"그럼, 커피 한잔만 주세요. 다시는 안 올게요."

들어가 보니 그 집 아이가 많이 아팠습니다. 열이 나고 토하고 난리였습니다. 내심 미안했습니다. 집을 나서면서 하나님께 물었습니다.

"하나님, 제가 무엇을 하면 좋을까요?"

제 맘속에 전복죽을 먹이면 아이가 기운을 차릴 거라는 감동이 왔습니다. 얼른 어시장으로 가서 전복을 사와 죽을 끓였습니다. 죽을 끓이면서 또 기도했습니다.

"자식이 아프면 부모가 대신 아프고 싶은 심정을 주님도 아시잖아요. 제가 눈물로 기도했을 때 하나님이 가슴 아파하시며 제 기도에 응답하셨듯이 이 죽을 먹고 아이가 기운을 차리게 해 주세요."

이틀 후 전화가 왔습니다.

"고마워요. 아이가 기운을 차렸네요. 그리고 교회 딱 한 번만 갈게요."

그 주일 새댁을 찾아갔습니다. 그리고 예배 시간에 집중할 수 있도록 저는 아이를 업고 서서 예배를 드렸습니다.

목사님의 설교를 듣고 난 새댁이 말했습니다.

"저 계속 교회에 나올게요."

그리고 새댁이 아는 사람을 2명 소개해주었습니다. 저는 그 두 분에게 점심식사를 대접하며 대화를 나누었습니다. 그분들도 교회에 나오기로 했습니다.

그러나 토요일이 되면 약간 불안해집니다.

'내일 교회에 나온다고는 했는데 혹시라도 못 오면 어떻게 하지.'

그래서 선물을 준비한 뒤 그분들을 찾아갔습니다.

"저, 목사님께서 보내서 왔습니다. 내일 교회에 꼭 나오세요."

이분들 모두 세례를 받았습니다. 지금은 중국으로, 또 경기도로 이사를 갔지만 여전히 신앙생활을 잘하고 있다며 연락을 하십니다.

하나님은 저희의 기도를 다 들으십니다. 저희의 눈물과 부르짖음을 잊지 않으십니다. 그리고 그분만의 능력으로 영혼을 구원하십니다.

"입이 열려야 마음이 열립니다."

목사님이 하신 말씀입니다. 전도할 때 식탁교제는 정말 중요한 역할을 합니다. 그래서 수요일마다 전을 부치고 국수를 끓여 구역원들을 초대했습니다. 그리고 돌아갈 때에도 빈손으로 보내지 않았습니다. 하다못해 김치나 시골에서 보낸 쌀을 들려 보냈습니다.

구역원들의 생일 때에는 저희 집으로 초대해서 미역국을 끓여 먹이며 축하해주었습니다. 갑자기 응급환자가 생기면 새벽이라도 병원에 데려다 주기도 하고 24시간 불침번을 서듯 구역원들의 필요를 살폈습니다. 여름휴가철이면 휴가를 못 간 가정과 함께 승합차를 빌려 계곡으로 놀러 가기도 했습니다. 1박 2일 기도회를 통해 서로의 마음 문도 열었습니다. 이제 저희 구역식구들은 그 누구보다도 똘똘 뭉쳐 함께 복음을 전하고 있습니다.

구역식구 가운데 돌잔치를 할 형편이 못 되는 가정이 있었습니다. 그래서 구역모임을 핑계 삼아 구역식구들이 슬그머니 돌잔치를 차렸습니다. 미역국, 잡채, 나물, 생선, 수육 등 아기자기하게 준비하고 돌복도 샀습니다. 목사님께 기도부탁도 드렸고 저희가 돌잡이가 되어 축하해주었습니다.

나중에 아기엄마는 울면서 이렇게 말했습니다.

"사는 것이 너무 힘들다 보니 하나님께서 저를 버리신 줄 알았어요. 정말 감사합니다. 이제 새벽기도랑 전도도 다시 하겠습니다."

그 후 부부가 아이를 데리고 나와 기도드리는 모습을 보니 가슴이 뭉클했습니다. 이 부부를 통해 복음의 씨앗은 계속 뿌려졌습니다.

그렇게 완고하시던 할머니도, 또 다른 부부도 예수님을 영접했습니다.

남편은 그야말로 119구조대원 같았습니다. 구역식구들 가운데 남편전도를 위해 도움을 청할 때면 즉시 달려가 도와드립니다.

"구역장님, 오늘 남편이 쉬는 날이라 나들이 가려고 하는데 같이 가실래요?"

그러자 남편은 오전 근무만 하고 함께 나들이를 갔습니다. 나들이라기보다는 도우미 역할입니다. 아이를 돌봐주기도 하고, 사진도 찍어주었습니다.

"농구 함께 하실래요?"

원래 남편이 농구를 좋아하긴 하지만 밤 11시 늦은 시간에 느닷없이 연락을 받아도 즉시 나가 새벽 2시까지 농구를 하다가 들어옵니다. 그러나 이것이 계기가 되어 남편과 함께 농구를 한 분과 형님 동생 사이가 되더니 그해에 세례를 받았습니다. 아내 역시 주일학교 교사로 섬기고 있습니다.

대리운전을 하시는 분이 계셨습니다. 아내를 따라 구역모임에 나오긴 했는데 사사건건 부정적인 말을 쏟아놓는 분이셨습니다.

"그게 될까요? 혼자 하세요."

그분의 말 한마디 한마디가 다른 사람들에게까지 부정적인 영향을 끼칠까 봐 저는 전전긍긍했습니다.

"여보, 아무래도 기도해야겠어."

남편과 저는 그분을 위해 기도하면서 우리가 할 일을 물었습니다. 그분은 낮에는 직장에서 일을 하고 밤에는 대리운전을 하고 있었습니다. 그런데 손님이 많은 날에는 기사가 부족하다는 말을 들은 남편이 대리운전을 도와주었습니다. 남편은 오전 일찍 출근을 해야 함에도 불구하고 피로회복제까지 복용하면서 새벽 2시까지 대리운전을 한 것입니다. 또 시간이 날 때마다 영업도 도왔습니다.

하나님께서는 저희에게 지혜를 주셔서 그 집에 필요한 것이 무엇인지를 파악하게 하셔서 섬기는 일을 쉬지 않게 하셨습니다. 그것으로 그치지 않고 40일 작정기도와 저녁금식을 하게 하셨습니다. 기도 동역자들과 함께 철야기도도 했습니다.

알고 보니 그분에게도 상처가 많았습니다. 보증을 잘못 서서 집이 경매에 넘어가 버리는 바람에 처가에서 생활을 하고 있었습니다. 축구를 워낙 좋아해서 축구를 하면서 스트레스를 푸셨고 축구가 끝나면 술을 잔뜩 마시고 돌아오곤 했습니다. 이들 부부는 이혼 직전까지 간 상태에서 저희를 만나게 된 것입니다. 아마 하나님이 그분을 보내주신 것 같습니다. 저희 식구들은 아이들까지 나서서 그 가족을 섬겼습니다. 그분 장모님 생일에 선물이랑 케익도 챙겼고, 축하노래도 불렀습니다. 이런저런 사소한 섬김이 연결고리가 되어 지금은 그 부부는 물론 동생 부부와 부모님까지 교회에 나오십니다.

✚ 전도한 지 7년 만에 교회에 나오는 분 이야기입니다.
이분은 시댁 식구들이 성당에 다니고, 본인도 가끔 성당에 나간다고 했습니다.

"교회나 성당이나 다 같은 것 아닙니까?"

저의 전도를 귀찮아했지만 7년 동안 꾸준히 두부나 과일, 직접 만든 반찬, 목사님이 주시는 선물 등을 들고 찾아갔는데 그때마다 교회에 가지도 않을 건데 부담스럽다고 했습니다. 그래도 한 달에 서너 번은 꼭 방문했습니다.

그러던 어느 날 그분의 남편이 쓰러져서 혈액 투석을 받게 되었습니다. 제 간증을 들려주며 하나님께서는 살아 계신다고 위로해 주었습니다. 그리고 그분의 아들 생일날 잠바를 하나 준비해서 방문하였는데, 그동안 저 몰래 두 번이나 예배를 드리고 갔다고 했습니다.

"이제는 누구를 믿어야 할지 확실히 알게 되었습니다."

그때부터 지금까지 새벽기도를 드리고 있습니다. 남편의 건강 때문에 많이 힘들지만 하나님께서 살아 계심을 믿고 열심히 믿음생활을 해 나가고 있습니다. 현재는 주일학교 교사로 열심히 섬기고 있으며 이분들의 부모님까지 세례를 받으셨습니다.

섬김을 받았던 믿음생활보다 바쁘게 섬기는 믿음생활에서 하나님을 가슴으로 만나는 시간이 더 많아졌음을 고백합니다. 우리의 작은 섬김, 그 섬김으로 깨어져 가는 가정이 세워지고, 절망으로 둘러싸인 곳에 희망이 싹트는 것을 보면서 제가 더 큰 은혜를 받았습니다. 구역식구들을 섬기는 방법은 사람에 따라 조금씩 다르지만 무조건 섬겨야 한다는 사실 하나는 변함이 없음을 저는 깨달았습니다.

제가 처음 제자훈련 교육을 받을 때 목사님은 이렇게 질문하셨습니다.

"주일 낮예배만 10년 드린 사람과 모든 예배를 1년 드린 사람 중 누가 먼저 된 자가 되겠습니까?"

그 말씀을 듣고 모든 예배를 드려야겠다고 결심했습니다. 예배자로 바로 서고자 저는 지금도 열심히 예배드리고 있습니다.

목사님의 이 말씀도 저를 새벽마다 부르짖게 했습니다.

"어렵다 힘들다 하지 말고 그 시간에 나와 기도 한번 해보세요. 돈 드는 것도 아닌데 속는 셈 치고 한번 해보세요. 비가 오고 눈이 오고 바람이 세차게 몰아쳐도 몸이 좀 아파도 사람들이 쉬지 않고 일을 나가는 이유는 한 달 뒤에 일한 만큼 월급이 나온다는 믿음이 있기 때문입니다. 하나님께 기도하면 다 들어주시는데 기도하지 않는 이유는 하나님을 믿지 못하기 때문입니다."

나는 지금 형편상 세상 은행에 적금할 10원짜리 하나 없지만 건강한 육신이 있으니 하나님께 기도로 적금하기로 했습니다.

'오늘 제가 아버지의 이름을 부를 때 하늘에 있는 제 통장에 10만 원씩 입금시켜 주세요. 만기는 3년입니다.' 이렇게 기도했더니 하나님께서는 정말로 3년 만에 1억이라는 부채를 하나님의 방법대로 갚아 주셨습니다.

저는 혈액암 말기 판정을 받았는데 병원에서도 고칠 수 없다고 했습니다. 입원할 당시 우리 집 전 재산은 10만 원이었고 그 흔한 보험도 하나 없었습니다. 1억 원의 부채와 말기 암 진단, 세상 사람들이 볼 때는 절망뿐인 상황이었지만 믿고 의지할 하늘 아버지가 계셨기에 우리는 모든 것을 내려놓고 아버지의 이름을 불렀습니다.

남편이 제 병간호를 하느라 3개월 동안 일을 쉬어서 저희는 수입이 전혀 없었습니다. 그러나 하나님께서는 병원비도 마련해 주시고 제가 기운을 차리는 3개월 동안 최상의 것으로 먹이고 입혀 주셨습니다. 세계로교회의 온 성도는 한 끼를 금식하며 눈물로 기도해 주셨습니다. 하나님께서는 저에게 새 생명을 주셨습니다. 지금 저는 부족한 제 입술로 이렇게 전하고 있습니다.

"예수 한번 믿어보세요. 정말 좋습니다."

이 모든 일을 통해 주님은 제게 깨달음을 주셨습니다. 제가 가진 물질, 건강, 사랑하는 가족, 지식, 권력 등 이 모든 것은 제 것이 아니라 우리 주님의 것임을 뼈에 사무치게 가르쳐 주셨습니다. 힘들고 지치고 포기하고 싶을 그때마다 주님은 기다리고 기대하며 기도하게 하셨습니다. 그랬더니 제가 50년을 살아도 이루지 못할 일들을 5년 만에 이루어 주셨습니다. 제가 주님의 일을 했을 뿐인데 주님은 제 일을 대신해 주셨으며 거기에다 주님을 위해 사용한 시간, 물질, 건강을 아직도 잊지 않으시고 기억해 주십니다. 지금도 가끔 힘들고 지칠 때도 있지만 주님은 받은 은혜를 기억하게 하십니다.

날마다 값없이 주시는 하나님의 은혜에 감사드리며, 부족한 우리에게 넘치는 축복을 주시는 하나님께 이 모든 영광을 올려 드립니다.

*****
김종희 집사는 최근 3년 동안 285명을 전도했고, 그중 25명이 세례를 받았다.

네가 복음의
능력을 믿느냐?

한진희 안수집사(한진희 교구, 한진희 구역)

—

장성한 자가 되기까지

저희 부부는 세계로교회 손현보 목사님 주례로 결혼을 했습니다. 어릴 때부터 교회를 다녔지만 영적 나이는 여전히 철없는 아이 수준이었습니다. 교회를 다니면서도 성도 간의 교제, 섬김과 봉사와는 아주 거리가 멀 뿐만 아니라 교회에서 하는 일에 대해서 색안경을 끼고 볼 때가 많았습니다. 목사님께서 헌금과 관련된 설교라도 하시면 대뜸 이런 생각을 했습니다.

'그래, 돈 이야기가 왜 안 나오나 했지.'

2002년, 제겐 악몽과 같은 해였습니다. 사업은 부도가 나고, 보증 선 것은 잘못되고, 가구마다 압류딱지가 붙여져 있고, 살고 있던 아파트마저도 경매에 곧 넘어갈 상황이었습니다. 게다가 아내는 둘째 애를 낳은 후 산후우울증에 시달렸습니다. 저또한 되는 일이 없고 늘 신경이 곤두서 있다 보니 툭하면 부부싸움을 했습니다. 아내는 이혼을 요구했고 저는 차라리 죽는 게 낫다는 생각까지 했습니다.

이러한 상황을 아시는지 모르시는지 목사님께서는 제게 구역장 직분을 맡기셨습니다.

"힘들고 어려울 때 하나님께 헌신하십시오."
"위기를 기회로 삼으세요."
"하나님께만 집중하면 하나님이 다 알아서 하십니다."

이 교과서적인 말들은 제게 전혀 새롭지 않았습니다. 믿는 사람들을 격려하는 모범답안과 같은 말이니까 말입니다. 그러나 저는 처음으로 이 말씀대로 행하기로 작정했습니다. 다른 구역장님들처럼 저도 새벽마다 교회에 나가 얼굴 한 번 본 적 없는 구역식구들 이름을 부르며 기도하기 시작했습니다.
마음을 단순화시키고 행동에 우선순위를 두다 보니 전에는 보이지 않던 것들이 보이기 시작했습니다. 사실 전에는 설교를 들어도 그것이 저를 위한 것이라고는 생각한 적이 거의 없었습니다.

'저 소리는 아무개가 들어야 제격인데.'

그런데 그 아무개가 바로 저 '한진희'가 되어버린 것입니다.

'아이고, 나 때문에 얼마나 속들이 터졌을까?'

뒤늦게 미안한 마음이 생기기 시작했습니다.

그리고 아내와 함께 그동안 제가 섬김을 받았던 그대로 다른 사람들을 섬기기 시작했습니다. 하루하루 번 돈으로 간식이나 작은 선물을 사들고 구역원들을 찾아다녔습니다. 남편이 믿지 않는 가정을 방문할 때에는 따가운 시선을 감수해야 했습니다. 생일과 결혼기념일들을 챙겨 꽃과 케익을 보냈습니다. 부부를 초청해서 식사도 하고, 영화 관람도 했습니다. 아이들 때문에 지쳐 있는 부부들의 아이들을 대신 돌봐주기도 했습니다. 이러한 섬김은 결코 헛되지 않았습니다. 첫 구역모임에 6명이 참석했었는데 어느새 30명으로 늘어났습니다. 믿지 않던 남편들도 아내를 따라 교회에 나오기 시작했습니다. 저희 구역에서만 무려 아홉 구역이 분가되었습니다.

제 처가는 부산 송정동 세계로교회 옆에 있었지만 결혼할 당시 교회에 다니는 사람은 1명도 없었습니다. 오랫동안 송정동에서 전도해 오신 우리 담임목사님의 말씀에 의하면 그 동네에서 가장 전도가 안 될 것 같은 집이 제 처가였답니다. 아내는 믿는 집안에 시집와서 자연스럽게 예수님을 믿게 되었고, 우리 부부는 예수님을 알지 못하는 처가 식구들을 위해 계속 기도했습니다.

어느 날 장인어른이 수십 년 앓던 지병으로 복음병원에 입원하셨습니다. 온 가족이 슬픔에 빠졌습니다. 저와 아내는 그때가 장인어른이 예수님을 영접할 기회라고 생각하고 목사님을 모셔 세 번 예배를 드렸습니다.

"예수님을 구주로 영접하시겠습니까?"
"아멘."

장인어른은 병상에서 예수님을 영접하셨습니다. 그리고 며칠 후 아주 밝고 편안한 모습으로 하나님의 부르심을 받고 천국으로 가셨습니다.

"집사님, 기독교식 장례를 하려면 교회로 연락주세요. 모든 절차를 교회에서 맡아 해 드리겠습니다."

목사님은 병원을 나가시면서 말씀을 남기시고 가셨습니다.

가족들이 장례 문제로 의논하고 있을 때 저와 아내는 지금 이때가 온 가족에게 복음을 전할 수 있는 가장 좋은 기회임을 확신했습니다. 둘째인 아내는 반드시 기독교식 장례를 치러야 한다고 강하게 주장했습니다.

저희 동서는 저와 아내를 따로 불러서 이렇게 야단을 쳤습니다.

"기독교식 장례는 절대 안 된다. 너희는 위아래도 없느냐? 둘째인 너희가 뭔데 집안일을 마음대로 하려고 해. 이 집이 기독교 집안이야? 예수는 너희만 믿지 왜 집안까지 연관을 시켜. 너희 마음대로 처리하면 다시는 너희 얼굴 안 볼 줄 알아라!"

하지만 우리 부부는 이때가 온 가족을 구원시킬 기회임을 분명히 알았기에 절대 물러설 수 없었습니다. 그래서 병원 구석과 화장실에서 울면서 하나님께 기도했습니다.

"하나님, 지금의 이 위기를 기회로 삼아 반대하는 온 가족이 예수 믿고 구원받아 모두 믿음생활 할 수 있게 해 주세요."

하나님께서는 장모님의 마음을 움직여 주셨습니다. 목사님이 병원에 세 번이나 찾아오셨고 마지막에는 해외에서 돌아오시면서 공항에서 곧장 병원으로 달려오셔서 임종예배를 인도해 주신 것에 무척 감사하셨습니다.

"너희 아버지도 예수 믿고 돌아가셨으니 나도 장례식 치르고 나면 교회에 나가겠다."

장모님은 가족들의 반대를 물리치고 기독교식 장례를 치르셨습니다. 장인어른이 영접하는 순간 장모님의 마음에도 하나님이 역사하신 것입니다.

장례 기간 동안 끊임없이 교회 식구들이 조문을 했습니다. 가족들은 싫든지 좋든지 같이 말씀을 들으며 예배를 드렸습니다. 하나님 아버지의 큰 은혜에 감사드립니다.

동서는 예배가 끝나면 따로 절하며 제사를 지냈습니다. 그렇게 장례를 치르고 나서 장모님과 처형이 먼저 예수님을 믿었지만 동서는 교회에 대한 안 좋은 인식들 때문에 처형이 교회에 같이 가자고 해도 꿈쩍도 안 했습니다.

처형은 남편을 교회로 데려가기로 작정했습니다. 상냥하거나 애교 있는 성격이 아니었지만 일부러 남편에게 친절히 대하며 동서가 퇴근해서 오면 다정하게 옆에 앉아 손도 잡고 다리도 주물러 주며 갖은 애교로 남편을 섬겼습니다. 동서는 처형의 변화된 모습은 좋아했지만 교회에 가자고 하면 여전히 매우 싫어했습니다. 그래도 포기하지 않고 더욱더 상냥하게 대해 주었으나 변화가 없었습니다.

어느 날 처형은 남편에게 이혼하자고 폭탄선언을 했습니다.

"나는 당신과 함께 예수님 믿고 살고 싶은데 당신은 교회 다니는 게 그렇게 싫으면 우리는 서로 길이 다른 것 같으니 이혼합시다."

처음에 동서는 장난으로 여기고 대수롭지 않게 생각했습니다. 하지만 며칠이 지나도 변하지 않는 처형의 태도와 얼음장처럼 냉랭하고 금방이라도 터질 것 같은 집안 분위기 때문에 어쩔수 없이 가정의 평화를 위해 도살장에 끌려가는 소처럼 억지로 교회에 나왔습니다.

예배 시간에는 마치 조폭처럼 험악한 인상을 쓰고 앉아 있다가 설교가 시작되면 처음부터 끝까지 졸기만 했습니다. 이런 남편을 바라보는 처형은 속으로는 주먹으로 뒤통수를 한 대 때려주고 싶은 마음이 들기도 했지만 교회 와서 앉아 있다는 사실만으로도 기뻐서 눈물을 흘리며 조는 남편의 손을 꼬옥 잡았습니다. 그리고 이렇게 기도했습니다.

"하나님, 남편의 귀가 열려서 목사님의 말씀을 듣고 닫힌 마음 문이 열리게 해 주세요."

그렇게 교회를 다니기 시작한 동서는 서서히 예배 시간에 졸지 않고 말씀에 집중했습니다. 저와 처형의 권유로 제자훈련도 받았습니다. 동서는 교회 다니는 것을 즐거워하며 얼굴에 늘 미소를 띠는 사람으로 변했습니다.

교회 다니기 전에는 하루에 소주 세 병 이상을 마시고 밥 먹을 때마다 맥주잔에 소주를 따라 단숨에 들이켰습니다.

"이 좋은 술 안 마시면 무슨 낙으로 세상을 사노."

그러나 그 마음에 하나님의 말씀이 임하자 누가 말하지 않아도 술 담배를 모두 끊었습니다. 그리고 구역식구들과 교제를 나누며 섬기는 것을 더욱 즐거워했습니다. 이제는 구역원들의 경조사와 기념일, 아이들 생일까지 챙겨 주고, 전도에 힘써 안수집사의 귀한 직분도 받았습니다.

배운 대로 행하다

✚ 정동호 씨 이야기입니다.

정동호 씨는 카센터를 운영하셨습니다. 그러나 위치가 안 좋아서 그런지 손님이 별로 없다는 말을 들었습니다. 그분을 전도하리라 마음먹고 카센터를 찾았습니다.

"저희 교회 교인 수만 해도 1500명이 넘어요. 교회 한번만 나오시면 제가 확실하게 홍보해드릴 수 있습니다."

정동호 씨가 전도 대상자라는 것을 교회에 알렸습니다.

"혹시 오일교환이나 차수리가 필요하신 분은 이곳을 이용

해주십시오."

생각보다 많은 분들이 카센터 위치를 수소문해서 방문하셨습니다.

정동호 씨는 운동을 좋아했습니다.

"그것 잘 됐네요. 마침 저희 교회에서 구역별 족구대회를 하는데 와서 힘 좀 써주세요."

"전 교회라는 곳 난생처음 가봅니다."

예배도 드리고, 족구도 하고, 가족사진도 찍었습니다.

이제 정동호 씨는 말합니다.

"전에는 주일이면 TV나 보면서 술 한잔 하는 것이 낙이었는데 예배를 드리는 것이 훨씬 더 즐겁네요. 구역모임도 좋고요. 그리고 다른 사람들에게 복음을 전하는 것은 정말 스릴이 넘칠 정도로 신나는 일입니다."

정동호 씨는 교회에서 효자상까지 받았습니다. 상품으로

금강산여행권을 받았는데 생후 5개월밖에 안 된 아기 때문에
여행을 갈 수 없다고 했습니다.

"아이는 우리가 잘 봐 줄 테니 걱정 말고 잘 다녀와요."

2박 3일 동안 아이를 돌봤습니다. 쉬운 일은 아니었으나 아
내와 아이들과 함께 사랑으로 최선을 다해 보살폈습니다. 그
런데 그새 정이 들었나 봅니다. 마침 그날 비가 억수처럼 쏟
아져 핑계 삼아 말했습니다.

"비가 많이 오니까 내일 데려가요. 하룻밤 더 재울게요."

그러나 밤 열두 시가 넘었는데도 곧바로 와서 아이를 데려
가 버렸습니다. 어찌나 서운하던지…
여행을 다녀온 후 정동호 씨와 저는 형과 아우처럼 친해졌
습니다. 아내끼리도 친자매처럼 지내게 되어 정동호 씨 아내
는 제 아내와 함께 전도도 다니고 심방도 다녔습니다. 그리고
부부가 함께 제자훈련 과정도 마쳤습니다. 정동호 씨 부부는
그날 번 돈에서 가장 먼저 십일조를 떼어 놓는 믿음의 부부가

되었습니다. 이제는 150일 작정 새벽기도를 끝내고 일천번제 작정기도를 드리고 있습니다.

세례식이 다가오면 우리 부부가 세례자들을 위해 금식하며 저녁 늦게까지 심방하는 모습이 안쓰럽다며 정동호 씨는 자비로 세례 대상자들을 만나 식사를 대접해 주었습니다. 또한 평소 무뚝뚝하기로 소문난 사람인데 애교를 떨면서 전도한 사람을 세례를 받게 하려고 노력했습니다. 이웃에 사는 곽연구 씨의 식당이 이사할 때는 밤을 새워 벽지도 같이 바르고, 여러 도움을 주면서 교회에 한 번만 가 보자고 전도했습니다. 곽연구 씨의 가족 4명이 모두 우리 교회에서 세례를 받았는데, 정동호 씨는 그날 성경 구절이 새겨진 큰 시계를 자비로 사서 목사님이 당신에게만 주는 거라며 선물했습니다. 정동호 씨가 헌신하는 모습이 얼마나 고맙고 감사한지 우리 부부는 눈물이 났습니다. 현재 정동호 씨는 안수집사라는 귀한 직분을 받아 우리 교회의 큰 일꾼으로 자리 잡았습니다.

✚ 박금주 씨 이야기입니다.
박금주 씨는 20년 전만 해도 무당이었던 분입니다. 신을 모시면 사업도 잘되고 돈도 많이 벌게 해 준다는 어느 무당의 말에 넘어가 무당이 되었다고 합니다. 처음에는 정말 돈도 벌고 모든 것이 잘 풀렸지만 시간이 갈수록 안 좋은 일이 생기더랍니다. 하던 사업도 잘 안 되어 빚만 늘고, 이런저런 스트레스로 인해 만성두통에 시달리다 보니 날마다 술을 마시게 되었고 허구한 날 부부싸움을 하니 한시도 편한 날이 없었습니다.

처음 박금주 씨 집을 방문했을 때, 남편의 새시 공장과 가정집이 같이 붙어 있었는데 집 안에 향냄새가 진동했고, 불교 용품과 부적 등이 가득해서 가정집이라기보다는 불당 같았습니다.

우리 부부는 매일 과일이나 작은 선물을 들고 그 집에 갔습니다. 박금주 씨의 하소연을 한 시간 이상 들어 주고, 그 가정의 필요를 채워 주고자 노력했습니다. 남편의 사업과 관련해서는 우리 교회 장로님을 소개해 주었고, 세금계산서 발행 문제가 생겼을 때도 지인을 소개해 주었습니다. 한밤중에 보일러가 고장 났다고 전화가 왔을 때도 곧장 달려가 응급처치를 해 주었습니다. 박금주 씨 남편이 말합니다.

"한 집사님은 부탁하면 안 되는 게 없네. 완전 해결사야!"

박금주 씨는 목사님 말씀을 듣고 난 후 남편을 극진히 섬기기 시작했습니다. 그랬더니 남편의 마음이 활짝 열렸습니다. 구역모임이라도 있는 날에는 모임에 늦겠다며 차로 태워다 주기도 했습니다.

"신기하네, 당신이 새벽기도에 다닌 후로 일이 잘돼."

아내가 새벽기도에 늦을세라 모닝콜까지 해줍니다.
그런데 교회에 나온 지 몇 주 지나 박금주 씨 머리가 깨질 듯이 아팠습니다. 약도 주사도 다 소용이 없었습니다. 급기야 쓰러져서 병원에 실려 갔지만 의사들은 아무 이상이 없다고 했습니다.

"그것 봐라. 내가 뭐라든. 그렇게 믿던 신을 배신하는 것이 아니야. 교회는 내가 다닐 테니 넌 전에 믿던 신을 섬기거라."
"싫어요, 어머니. 저는 죽는 한이 있어도 예수 믿을 거예요."

다행히 목사님께 안수기도를 받은 후 두통이 깨끗이 나았습니다. 지금은 남편과 시동생, 시어머니까지 모두 교회에 나옵니다. 동네가 떠나갈 듯 싸우던 집이 평온해지니 이웃들이 궁금해합니다.

"그 집에 무슨 일이 생겼기에 이렇게 조용해? 어쨌든 싸우는 것보다는 훨씬 좋네."
"생기고말고. 내가 예수님을 믿거든. 어찌나 용하고 강한 신인지 내가 기도하면 다 들어주셔. 내 평생 이렇게 마음이 편한 것은 처음이야."

박금주 씨가 예수님을 믿고 나서 전도한 사람들 수가 1500명이 넘었다고 합니다.

전도는 특별한 사람만 하는 줄 알았습니다. 그러나 전도는 예수님을 만난 사람은 누구나 할 수 있고, 누구나 해야 할 일입니다. 개는 "멍멍" 짖어야 하고, 고양이는 "야옹" 소리를 내야 한다면 예수님을 믿는 사람들은 "예수 믿으세요!"라고 외쳐야 합니다.

제자훈련을 받을 때 목사님께서 '고추밭 사건' 이야기를 들려주셨습니다. 목사님께서 애가 타서 황 권사님에게 하신 말씀입니다.

"권사님은 지금 고추밭 때문에 심장이 떨리고 치가 떨려서 말을 못 한다고 하시는데, 예수 믿고 너무나도 좋아서 오늘처럼 심장이 떨린 적이 있습니까? … 옆 사람이 지옥에 가는 것이 너무나도 안타까워서 오늘처럼 떨린 적이 있습니까?"(『목사님! 전도가 너무 쉬워요』손현보. 도서출판 누가. 114쪽)

이 말에 저는 뜨끔했습니다.
'저 말씀은 황 권사님께 하신 말이 아니라 내게 하시는 말이구나. 고추밭에 해당되는 것이 내겐 무엇이 있을까?'
가만히 생각하니 그것은 바로 '불순종'과 '불평'이었습니다. 이 두 가지만 제거한다면 전도야말로 제일 신나고 쉬운 일이 될 것입니다.
목사님이 말씀하셨습니다.

"전도가 가장 쉽습니다. 전도는 하면 되고 안 하면 안 됩니

다. 나가서 매일 전하기만 하면 전도가 되는데 왜 전도를 안 하
십니까?"

제가 깨달은 것을 즉시 행동으로 옮기기 시작했습니다. 먼저
우리 가정처럼 실패를 경험하고 어려움에 처해 있는 두 가정과
힘을 합하여 '부부전도팀'을 만들었습니다. 그들과 한 번도 전
해 보지 못했던 복음을 들고 토요일 오후마다 마을 마을을 다니
며 전도하기 시작했습니다.

처음에는 입술이 떨어지지 않아 아내를 앞장세우고 가만히
서 있기만 했습니다. 아파트 한 라인을 제가 전도하기로 다짐한
날, 15층에 가서 초인종을 눌렀습니다.

"하나님, 제발 아무도 없게 해주세요."

14층으로 내려오면서도 비어 있기를 고대했습니다. 그러나
입을 열 수밖에 없는 상황이 벌어졌습니다.

"안녕하세요? 우리 교회에 한번 놀러 오세요!"
"예수님 한번 믿어 보세요. 정말 좋습니다."

세상에! 제 입에서 이런 말들이 줄줄 나올 줄은 몰랐습니다. 일단 이 말을 하고 나니 어찌나 신이 났는지 모릅니다.

이제 토요일이면 만사를 제쳐두고 복음을 전하기로 했습니다. 우리 부부는 오전에 떡, 커피, 음료수 같은 전도용품을 준비했습니다. 그리고 오후에는 노인정, 독거노인들을 찾아가서 간식을 나누어 드리고, 목욕도 시켜 드렸습니다. 처음에는 이렇다 할 열매가 보이지 않았지만 꾸준히 복음을 전했더니 한 분 두 분 전도의 열매가 나타나기 시작했습니다.

"하나님, 주의 나라를 위해 순종하며 충성하는 자가 되기 원합니다."

* * * * *

한진희 안수집사는 최근 3년 동안 490명을 전도했고, 그중 102명이 세례를 받았다.

3장
—
도어 투 도어

* * *

가가호호 방문하라
(방문 전도)

주님 마음
저도 품게 하소서

이영심 권사(박남식 교구, 고동훈 구역)

—

➕ 이갑순 씨 이야기입니다.

"난 내버려 두고, 남편이나 좀 교회에 데리고 다녀. 남편이 다
니면 나도 다닐게."

처음 이 가정을 방문했을 때 갑순 씨가 했던 말입니다.
그러나 남편 조성환 씨의 '점심이라도 먹고 가셔요.' 하는
말이 따뜻하게 느껴졌습니다. 점심을 먹으며 부부에게 복음
을 전했습니다.

"뭔 말인지 알겠네."

3일간 금식기도를 드린 후 다시 그 댁을 방문했습니다.

교회에 꼭 가겠다는 약속을 받아냈습니다. 그런데 갑순 씨의 말은 달랐습니다.

"글쎄, 형편 때문에 정말 교회에 갈지는 잘 모르겠네."

주일 아침 일찌감치 갑순 씨 네로 갔습니다.

"아저씨, 오늘 제가 차가 없어요. 교회까지 태워다 주세요."

하나님께서 이 부부의 마음을 열어 주셨는지 저와 같이 교회에 갔습니다. 설교 말씀을 듣는 중에 조성환 씨는 눈물을 연신 닦았습니다.

조성환 씨는 며느리에게 한 말씀 하셨습니다.

"너희만 천국 가고 내 아들은 지옥 가게 놔둘 거냐?"

지금은 온 가족이 다 주님을 영접했습니다.

✚ 권정아 씨 이야기입니다.

정아 씨는 얼굴도 예쁘고 마음도 참 고운 새댁이었습니다. 처음 만났을 때는 둘째 아이를 임신한 지 4개월째였습니다.

"아기 낳고 나면 교회 갈게요."

저는 6개월 동안 열심히 국과 반찬 등을 들고 그 집을 방문했습니다. 친정에 가서 아기를 순산하고 온 정아는 약속대로 교회에 나왔고, 첫 주부터 수요예배에 금요 구역예배까지 다 드렸습니다. 예배 시간마다 정아의 아이를 업고 안고 밖에서 예배를 드렸습니다.

그런데 느닷없이 정아 씨 남편이 한마디 했습니다.

"교회는 가는 건 안 말리겠는데 주일만 가지."
"교회에 가라고 할 때는 언제고 이제 와서 반대를 하는 거예요?"

이에 질세라 정아 씨가 따져 물었습니다.

그러나 큰 다툼 없이 지혜롭게 넘겼습니다.

교회에서 족구대회가 열리는 날이었습니다. 정아 씨가 남편에게 물어봅니다.

"여보, 사람이 부족한데 당신이 한 게임만 같이 하면 안 될까?"

정아 씨 남편 전태준 씨는 기꺼이 나와 즐겁게 게임을 했습니다. 그런데 다음 주에도 나와 예배를 드렸을 뿐 아니라 구역봉사까지 열심히 했습니다.

정아 씨는 시어머니까지 전도했습니다. 남편 전태준 씨도 굳건한 믿음으로 살아가며 전도에 힘쓰고, 구역장으로 잘 섬기며 이제는 안수집사의 직분을 받았습니다.

✚ 최숙자 할머니 이야기입니다.

전도를 하러 나섰지만 아무도 만나지 못하고 올 때가 있습니다. 그러면 상심이 되어 하나님께 이렇게 말씀드립니다.

"하나님, 이번 주에 한 사람도 못 만나면 저 전도하지 않을래요. 제가 전도하지 않으면 아버지 손해잖아요. 한 영혼이 천하보다 귀하다고 하셨는데 왜 이렇게 사람을 안 붙여 주세요?"

그런데 그 주에 우연히 최숙자 할머니를 만났습니다. 눈이 안 좋으신 것 같았습니다.

"할머니, 눈 괜찮으세요? 저희 교회에서 백내장 수술을 해 드리는데."
"응, 내 눈이 좀 안 좋아."
"눈 수술은 하겠는데 교회는 못 나가. 다녀도 몇 년 후에나 다닐 거야."
"알았어요."

저는 주소와 연락처를 받아 그 뒤로 자주 방문했습니다.
할머니는 교회의 도움으로 백내장 수술을 받으셨고 저는 자주 밑반찬을 만들어 그 집을 방문했습니다.

"이번 주에 교회에 한번 가 보려고 하는데 가도 될까?"

몇 년 후에나 교회에 나오신다던 할머니 마음이 변하신 겁니다. 장로님들 몇 분이 의아해하면서 물으셨습니다.

"교회에 오시라 해도 그렇게 버티셨던 분인데 어떻게 모시고 왔어요?"
"대단하네요. 고집이 보통이 아닌 분인데."

사람이 제 아무리 고집이 세도 성령님이 만져주시면 아기처럼 보드라워집니다.

✚ 경순 씨 이야기입니다.
경순 씨는 아들을 먼저 천국에 보낸 엄마입니다. 고난을 겪으며 그 믿음이 더욱더 견고해졌습니다.

"경순 씨 아들이 죽기 전에 다녔던 교회가 있는데요. 장례 절차를 해줄 수 없답니다."

저는 즉시 목사님에게 상황을 알렸습니다. 목사님께서 모든 장례 절차를 맡아 주셨습니다.

"교회도 감사하고, 하나님께는 더욱더 감사합니다. 우리 아들도 나중에 천국에 가면 만나겠지요."

경순 씨는 천국을 소망하며 슬픔을 달랬습니다. 그리고 모든 예배를 빠지지 않고 참석했습니다. 열심히 말씀도 읽고 힘차게 찬송도 드리며 씩씩하게 생활해 갔습니다. 믿지 않는 아들도 전도해서 손녀 아름이까지 하나님을 영접하게 했습니다.

"엄마, 교회 뭐 하러 나가세요. 나가지 마세요."

처음에는 아들들이 말린다고 교회에 나오지 않았으나 아들 하나를 잃고 믿음을 회복했습니다.

✚ 한현숙 씨 이야기입니다.
아파트 전도를 하던 중 어느 한 분을 만났습니다. 딸집에 다니러 온 친정어머니였습니다.

"제 딸 좀 교회에 데리고 가주세요."

그 딸의 이름은 한현숙입니다. 친정어머니의 부탁을 들은 후 몇 번 딸의 집을 방문했으나 매번 허탕이었습니다. 그래서 준비해간 간식만 문고리에 걸어두고 "저는 103동에 사는 아줌마입니다."라고만 밝히고 돌아왔습니다.

밑반찬을 준비해서 다시 찾아갔습니다.

"어머나, 간식 잘 먹었습니다. 그런데 저를 어떻게 아세요?"

"지난번에 친정어머니와 이야기를 좀 나눴어요. 어머니가 딸 걱정을 많이 하시더라고요. 따님을 위해 기도도 많이 하시고요. 저에게 따님을 교회에 데리고 가 달라고 하셨어요."

"저희는 아침에 일찍 못 일어나서 교회는 못 가요. 그리고 아이가 너무 어려서 제가 데리고 다니기도 힘들고요. 나중에 갈게요."

"그렇군요. 알았어요."

집으로 돌아와 하나님께 기도했습니다.

"이 가정은 언제쯤 교회 올 수 있을까요?"

"네가 얼마나 그 집을 섬겼다고 벌써 그러느냐?"

속으로 뜨끔해서 다시 그 집에 찾아갔습니다. 가서 아이도 돌보아 주고, 음식 만드는 법도 알려 주고, 저희 집에 초대도 했습니다. 3, 4개월이 지날 무렵, 이 부부가 우리 교회에 등록한 것을 알고 깜짝 놀랐습니다. 신랑 직장 상사가 반강제로 교회에 초대해서 어쩔 수 없이 등록했다는 것입니다.

이 부부는 우리 구역에 와서 구역식구들하고 잘 어울리며 신앙생활을 하다가 둘째 아이가 태어난 뒤 자은동으로 이사했습니다. 현숙 씨는 가까운 교회에 다니고 싶다고 했습니다. 저는 주일을 꼭 지키라고 당부했습니다.

"죄송해요."

현숙 씨가 밝게 웃으며 말했습니다.

"권사님이 저희 가정에 베풀어 주신 것처럼 저도 그 교회에 가서 성도들 잘 섬기고 신앙생활 열심히 할게요. 그동안 감사했습니다."

현숙 씨 부부는 친정어머니의 기도대로 믿음으로 굳건히 서서 주님 앞에 아름다운 가정으로 세워졌습니다. 저는 물만 조금 주었는데 하나님께서는 사람의 때가 아닌 하나님의 때에 맞추어 이 가정을 교회를 위하여 일하는 하나님의 가정으로 뿌리내리게 하셨습니다.

✚ 한세희 씨 이야기입니다.

엘리베이터에서 싹싹하고 예쁜 새댁을 만났습니다. 2주쯤 지나 그 집에 갔습니다. 반갑게 맞이하더군요. 다음엔 화분도 들고 갔습니다.

"원래 장사를 했는데 아이를 갖게 돼서 쉬고 있어요."
"축하해요. 임신 중에 교회 와서 기도하면 아기에게 복되고 좋아요."

그 후 음식을 만들어 가지고 갔더니 아무도 없어서 문 앞에 두고 왔습니다. 2주 후에 또 찾아갔습니다.

"주신 것 잘 먹었어요. 감사해요. 그런데 남편이 교회에 못 가게 해요."

"괜찮아요. 너무 부담 갖지 마요. 신랑도 언젠가 예수 믿고 교회 나올 겁니다."

2, 3개월이 지나서 또 방문을 했더니 새댁은 아주 반가워했습니다.

"배 속 아기는 잘 크고 있어?"

"사실은 자궁에 안 좋은 게 있대요. 다시는 아기를 가질 수 없대서 힘들어도 이 아기를 낳기로 했어요."

"새댁, 나하고 같이 우리 하나님 믿고 살자. 우리는 할 수 없지만 하나님께서는 우리를 만드셨기 때문에 우리의 모든 형편을 잘 아셔. 하나님께 기도하면 좋은 일이 있을 거야."

"생각해볼게요."

세희 씨가 열심히 같이 교회를 다니면서 민기가 태어났습니다. 자궁암의 영향으로 민기는 장애를 안고 태어났지만 세희 씨는 그 아기를 주신 것에 무척 감사했습니다.

"민기가 생기지 않았으면 제 몸에 암이 있는 줄도 몰랐을 거예요."

그런데 몇 개월 후 민기가 서울에 가서 큰 수술을 받아야 한다고 했습니다. 면역력이 약해서 교회에 못 데려오고 목사님을 집으로 모셔 세례를 받게 했습니다. 세희 씨와 민기 아빠도 같이 세례를 받았습니다.

다른 엄마들 같으면 울고 난리가 났을 텐데 세희 씨는 "권사님, 기도해 주세요." 하며 웃었습니다. 그 속이 얼마나 말이 아닐까 싶어 저도 마음이 몹시 아팠습니다. 오직 기도밖에 해 줄 수 있는 게 없었습니다.

민기는 수술을 받고 한 달이 지나 집으로 왔습니다. 차마 눈 뜨고 볼 수 없을 정도로 상태가 심각했습니다. 선천적으로 두개골이 붙어 있어서 반으로 가르는 수술을 받았다는데 아이 머리에 기타줄 같은 것을 죌 수 있는 레지를 네 개나 박았고, 아이 머리가 굳지 말라고 하루에 두 번씩 그 줄을 죄어 주어야 했습니다.

울먹이는 저를 오히려 세희 씨가 위로했습니다.

"권사님, 이제는 괜찮아요. 처음에는 무서웠지만 어린 민기도 이렇게 어려운 수술을 잘 받았는데 제가 뭘 못 하겠어요?"

세희 씨도 힘들고 아플 텐데 표현하지 않고 씩씩하게 잘 살아갔습니다. 또 병원비가 너무 많이 나와서 회사에서 대출을 받고 제2금융권에서도 대출을 받아 힘들게 생활하고 있었지만 항상 명랑하게 살려고 노력했습니다.

그런데 산부인과에서 세희 씨가 빨리 수술받아야 한다며 재촉 전화가 오는 것 같았습니다. 세희 씨는 나중에 민기가 괜찮아지면 병원에 가겠다고 했습니다.

저는 이 상황을 사모님에게 말씀드렸습니다. 이에 목사님은 교인들에게 동참하도록 하여 세희 가정을 도와주셨습니다. 우리는 아무것도 할 수 없지만 하나님께서 함께하시니 민기도 건강해지고 그 가정이 믿음으로 든든히 세워졌습니다.

"하나님께서 우리 민기를 살려 주셨어요. 성도들의 기도와 경제적인 도움을 통해 하나님께서 역사하셨어요. 저희도 어려운 가정을 도와주며 살 날이 오겠지요?"

"그럼. 꼭 그런 날이 올 거야. 세희 씨는 마음 씀씀이가 예뻐서 하나님께서 물질 축복도 주실 거야."

하나님께서 부족하고 미련한 저와 늘 함께하셔서 이렇게 전도의 열매를 맺게 하심에 감사드립니다. 그리고 나의 영적 자녀들을 위해 늘 깨어 기도하게 하심에 감사드립니다. 천국 가는 날까지 기도하며 기쁨으로 전도에 쓰임 받도록 늘 간구하며 살겠습니다.

지금은 민기도 잘 자라고 있고 민기 엄마도 하나님께서 함께하신 덕분에 수술이 잘 되어 건강하게 믿음생활을 잘하고 이웃과 친구들에게 전도하며 귀하게 쓰임 받고 있습니다.

*****
이영심 권사는 최근 3년 동안 133명을 전도했고, 그중 6명이 세례를 받았다.

주지 스님도
하나님의 자녀로

임석화 안수집사(최실부 교구, 임석화 구역)

—

"하나님, 저 왔다갑니다. 다음 주에 봬요."

제 기도는 하나님께 인사하는 것입니다. 저는 단 한 번도 진정한 기도를 해 보지 않았습니다. 그냥 흉내만 냈을 뿐입니다. 저는 하나님을 믿지는 않았으나 매주 교회에 갔습니다. 그렇게 교회에 나오라고 해도 거들떠도 보지 않는 사람들에겐 제가 신기해 보이겠지요. 어쨌든 저는 교회 문화가 맘에 들었습니다.

제게 대학교 3년생 딸이 있는데 이 무능한 아빠가 등록금 준비를 못했습니다. 돈을 빌리든지, 휴학을 시켜야 했습니다.

"생전 남에게 돈 한 푼 빌려본 적 없는데 어쩌지?"
"아무래도 휴학을 시켜야겠어요."

아내와 나는 휴학을 시키기로 결정하고 잠자리에 들었습니다. 그러나 잠이 오지 않았습니다. 눈물이 주루룩 흘렀습니다. 믿음 없이 다닌 교회였지만 매주 많은 분들의 간증을 들었습니다. 그게 나와 무슨 상관이야 했지만 누구는 기도해서 죽다가 살아났다 하고, 누구는 문제가 해결되었다고 하니 그렇다면 '나도 하나님께 한번 기도해볼까?' 하는 마음이 들었습니다.

새벽 2시에 무작정 교회로 달려갔습니다. 입도 열기 전에 눈물이 펑펑 쏟아졌습니다.

제 바람은 간단했습니다. 열흘간 새벽마다 열심히 기도했습니다.

"하나님, 하나님이 정말 계시거든 제 딸이 휴학하지 않고 졸업할 수 있게 해주세요."

딸에게서 전화가 왔습니다. 그런데 뜻밖의 말을 하는 겁니다. 딸의 목소리는 기쁨에 차 있었습니다.

"아빠, 나 조기졸업하게 됐어."

"조기졸업? 그게 뭔데?"

"다른 애들보다 1년 빨리 졸업을 하는 거야."

저는 너무 놀랐습니다.

'아, 하나님께서 내 기도를 들으셨구나!

일주일 후 기쁜 소식이 또 날아왔습니다.

"아빠, 나 방송국에 스카웃됐어요."

'하나님, 저는 이제부터 주님을 위해서라면 무슨 일이든 하겠습니다.'

그래서 주일학교 교사를 하고 있는 아내와 함께 교회 청소도 하고 주차 관리도 하고 있습니다.

100만 명 전도하기

100만 명을 전도하겠다는 목표를 세웠습니다. 100명이 아니라 100만 명입니다. 지인들을 만날 때마다 교회에 가자고 하다 보니 이상한 소문이 돌았습니다.

"임석화가 교회에 미쳐 이상하게 되었더라."

제 나름대로 열심히 전도를 했지만 열매는 없었습니다. 100만 명을 전도하겠다고 큰소리쳤는데 단 1명도 전도하지 못했습니다. 사실 아내가 저를 전도하기까지 18년이란 세월이 걸린 것을 보면 이 정도는 아무것도 아닙니다.

'어떻게 전도를 해야 할까?'

제가 아무리 머리를 짜내도 답은 나오지 않았습니다. 기도밖에는 길이 없었습니다.

"하나님, 제게 전도하는 법을 가르쳐주십시오."

기도를 마치고 집에 오는데 아래층에서 부부 싸움을 심하게 하고 있었습니다. 그날 하루 일과를 마치고 집에 오다가 트럭에서 수박을 팔기에 두 덩이나 샀습니다. 그리고 아래층에 가서 벨을 눌렀습니다.

"이 층에 사는 사람입니다. 수박이 싸고 좋기에 하나 드시라고 가져왔습니다."

"괜찮습니다."
"그럼 드시고 다음에 하나 사주십시오."

저는 문 앞에 수박을 두고 왔습니다.
이틀 후 퇴근하다가 참외를 샀습니다. 또 아래층에 가지고 갔습니다.

"오늘은 참외가 싸네요."
"왜 이러세요?"
"오늘이 마지막입니다. 그냥 드세요."

다음 날 아래층 아주머니가 저희 집에 포도를 들고 왔습니다. 저 역시 당황하면서 포도를 받았습니다. 제가 아래층에 수박과 참외를 가져다줄 때 별다른 의도는 전혀 없었습니다. 그날 저녁, 아내와 함께 작은 선물을 들고 아래층을 방문했습니다. 문을 열어 주지 않고 부담스럽다는 내색을 했습니다.

"수박이랑 참외 대신 포도를 가져다주었잖아요."
"사실은 드리고 싶은 말이 있어서 왔습니다. 이번이 마지막입니다."

차를 마시면서 딸아이의 일을 예로 들면서 간증했습니다.

"교회에 한번만 같이 가요."
"저희는 불교 집안이라 안 돼요."

저는 웃으면서 농담처럼 말했습니다.

"그러시면 내일부터 다시 수박을 사들고 올 겁니다."
"그럼 딱 한 번만 가보지요. 딱 한 번만입니다."

그 주에 아주머니 혼자만 교회에 나왔습니다. 저희 부부는
다시 가족사진 티켓을 들고 그 집으로 갔습니다.

"온 가족이 오셔서 교회 잔디밭에서 가족사진을 찍으라고 목
사님이 이 티켓을 주셨어요. 사진만 찍고 가세요."

다음 주에 그 가정은 온 가족이 나와 예배도 드리고 점심 식

사 후에 가족사진도 찍었습니다.

그다음 주에는 어떻게 해야 교회에 오게 할 수 있을까 생각하다가 그 집 아이들이 입을 예쁜 옷을 아내에게 사오라고 했습니다. 금요일에 그 집을 다시 찾아갔습니다.

"아이들 옷을 선물로 받았는데 저희 집에는 입을 사람이 없네요. 혹시 맞으면 입히세요."
"그러면 또 교회에 가야 하나요?"

아주머니가 웃으며 물었습니다. 그 뒤로도 저희가 선물을 줄 때마다 먼저 "교회에 가야 해요?"라고 물었습니다.

시골집에 갔다 올 때면 채소도 많이 싸 와서 아래층에 나누어 주었고, 그때마다 아주머니는 교회에 나왔습니다. 아내가 주일학교 교사를 하기에 아래층 아이들을 데리고 교회에 갔습니다. 그러다 보니 그 부모들도 주일 예배에 참석하게 되었습니다.

그들 부부는 부부 싸움도 하지 않고 정답게 잘 살고 있고, 저의 아내와는 언니 동생 사이로 가깝게 지내고 있습니다. 이 가정을 통하여 새로운 전도 방법을 알았고, 전도의 기쁨도 느꼈습니다.

매번 수박과 참외를 들고 찾아가는 것은 경제적으로 부담이 되어 저희 교구장님인 장로님에게 두부를 사러 갔습니다. 두부 공장을 운영하시는 장로님이셨습니다.

"장로님, 두부 두 판만 주세요."
"웬 두부를 이렇게 많이 사?"
"전도하려고요."
"그럼 두부를 그냥 줄 테니 내 대신 전도 좀 많이 해줘."

저희 집 라인부터 두부 배달 전도를 시작했습니다. 제가 두부 장수인 줄 알고 잘 먹겠다고 인사도 했습니다. 그냥 받는 분도 있고, 왜 두부를 주는지 묻는 분도 있었습니다.

"교회에 한번 오세요."

저는 안내 책자도 함께 건넸습니다. 그랬더니 다음에는 아예 문을 열어 주지 않았습니다. 그래서 봉지에 두부를 담아 문고리에 걸어 두었습니다.

두부 전도를 한 지 한 달 정도 지났습니다. 아파트 입구나 엘리베이터에서 전도 대상자를 만나면 서로 반갑게 인사를 하게 되었습니다.

저를 보자마자 "아, 교회에 가야 하는데…" 하면서 미안해하시는 분들도 있었습니다. 두부 배달 덕분에 많은 가정을 알게 되었습니다. 교회에 나온 가정은 저만 알 수 있도록 대문 옆에 표시를 해 두고, 다음번에는 다른 가정에 두부를 배달했습니다. 그 가운데 404호에 사시는 할머니는 친구분들, 손주, 아들, 며느리를 전도하시기도 했습니다.

그런데 문제는 두부를 사러 갈 때마다 장로님께서 돈을 받지 않는다는 것이었습니다. 그래서 두부를 가지러 가는 것 자체가 부담스러웠습니다. 돈을 드리려고 해도 막무가내셨습니다. 그래서 장날에 두부를 파실 때 함께 가서 도와드렸습니다.

어느 더운 여름날, 미용실 맞은편에 한 할머니와 손녀가 앉아 있었습니다. 손녀가 할머니에게 어딘가 가자고 자꾸 조르는 것 같았습니다. 살짝 들어 보니 바닷가에 가자고 조르고 있었습니다. 저는 이때다 싶어서 아내에게 손님이 없으면 문을 닫고 바닷가에 가자고 했습니다.

"할머니, 송도 해수욕장 축제에 가요."
"글쎄, 같이 가면 나야 좋지만 미안해서 어떻게 해."

저희는 아이가 좋아하는 통닭도 시키고 아이스크림도 준비해서 송도로 갔습니다. 아내는 아이 손을 잡고 엄마처럼 여기저기 구경을 다녔습니다. 저와 그동안 할머니랑 이야기를 나누었습니다. 할머니께서 신기하다는 듯 물었습니다.

"그나저나 바닷가에 가고 싶어 하는 걸 어떻게 알았어?"
"하나님께서 저희를 할머니에게 보내셨나 봐요."
"사실 저희 가족도 늘 바빠서 자주는 못 옵니다. 할머니, 이번 주일에 손녀랑 교회에 한번 오세요."
"알았어."

주일날 아침에 할머니 댁에 전화를 걸었습니다.

"애가 아직도 자고 있네. 못 보낼 것 같아."
"할머니는요?"
"난 할아버지가 반대를 해서 못 갈 것 같아."

그때 수화기 너머로 할아버지 목소리가 들렸습니다.

"신세를 졌으면 갚아야지."

저는 할머니를 모시러 할머니 집으로 갔고, 그날 할머니와 손녀는 함께 교회에 와서 예배를 드렸습니다. 다음 주부터 손녀는 주일학교에 보내기로 했고, 할머니께서도 몇 번 더 교회에 오셨습니다.

✚ 저희 구역식구가 전도하신 분 이야기입니다.
트레이닝복 차림에 슬리퍼를 신고 있었습니다. 전도하신 분에게 물었습니다.

"저분 가족 관계는 어떻게 됩니까?"
"아들 하나 딸 하나가 있고, 마누라는 아이들 어릴 때 집을 나갔다고 하는 것 같던데."

전도하신 집사님과 함께 그분 집을 방문했습니다. 공장 부근에 셋방을 얻어 생활하고 계셨는데 집에 들어서는 순간 심한 악취가 코를 찔렀습니다. 아들은 대낮인데도 자고 있었고 깨워도 일어날 생각을 안 하고 우리에게 그만 가라는 말만 했습니다.

얼핏 봐도 집안 형편이 말이 아니었습니다. 쌀통은 비어 있었고 청소도 거의 안 하고 사는 것 같았습니다. 그날 아이들과는 대화도 하지 못하고 돌아왔습니다.

며칠 후 교회에서 준 쌀을 들고 다시 심방을 갔습니다. 다행히 아이들이 자고 있지 않아서 함께 청소도 하고 대화도 나누었습니다. 아들 나이가 스물이었는데 중학교 졸업 이후 아무 일도 하지 않고 밤마다 친구들과 어울려 놀고, 낮에는 잠을 자는 생활의 연속이었습니다. 스물세 살 난 딸은 고등학교 졸업 이후 방에서만 생활한 탓인지 정신질환을 앓고 있었습니다.

몇 번 방문한 끝에 아들과 딸을 설득하여 제 아내의 미용실로 데리고 왔습니다. 머리 스타일도 바꾸어 주고 통닭도 시켜서 먹게 했습니다. 그랬더니 곧 마음의 문을 열었습니다. 아빠와 아들은 주일 오전예배를 드리고, 딸은 청년부예배에 저녁예배까지 드렸습니다. 다행히 딸은 더 이상 정신질환 약을 복용하지 않아도 되었습니다. 주일에 교회 가는 것을 낙으로 여기며 주일만 기다렸습니다.

"일주일이 너무 긴 것 같아요. 빨리 교회에 가고 싶어요."

하루에도 몇 번씩 이런 문자를 보내곤 했습니다. 아직은 치유과정에 있지만 가족이 모두 교회에 출석하면서 서서히 가정이 회복되어 가고 있습니다.

✚ 소금 전도 이야기입니다.

어느 집사님이 부탁을 해서 건강식품을 판매하는 곳에 따라 갔더니 제품 설명을 장황히 한 후에 구매를 강요했습니다.

저는 좋은 소금을 먹고 몸이 건강해졌기 때문에 필요 없다고 했습니다. 그랬더니 너도나도 그 소금을 사고 싶다고 했습니다.

"교회에 오시면 무료로 드립니다."

약 20명 정도가 교회에 오셨습니다.

"죄송하지만 준비한 소금의 양이 많지 않아 못 받으신 분은 월요일에 드리겠습니다. 앞으로 교회에 다섯 번만 더 오시면 더 드릴 테니 다른 분들도 모시고 오십시오."

그다음 주에는 무려 50명이나 오셨습니다. 소문이 퍼지면서 매주 많은 분이 오셨고 처음에는 소금 때문에 왔지만 목사님을 만나 뵙고 교회가 좋다면서 계속 교회에 나오는 분들도 있었습니다.

승복을 입고 교회를 오신 스님도 있었습니다. 소금을 드릴 겸 자주 만나 뵈었습니다. 절에 심방도 가고 많은 대화를 나누다 알고 보니 그 절의 주지스님이었습니다. 비구니로 혼자 절을 운영하고 있었기에 크고 작은 어려움을 겪고 있었습니다.

"스님, 제가 도울 일이 있으면 언제든지 연락하십시오."

그 절에서는 간장과 된장을 담아 판매했고, 그 수입으로 절을 운영했습니다. 그래서 소금을 지원해 주고 일도 거들었습니다. 절에 물이 새거나 무슨 일이 생기면 가서 도와주고 식사도 같이 했습니다. 스님은 점점 교회에 대해 긍정적으로 생각하기 시작했고 아는 스님 중에 성경을 일독하고 은혜를 받아 더 성경 공부를 해서 지금은 목회를 하신다는 간증도 들려주었습니다.

"저도 불교에 대해 공부할 테니 스님도 성경을 한번 읽어보십시오."

목사님과 사모님이 절을 심방하신 후부터는 더 많은 변화가 일어났습니다. 스님은 그다음 주에 안동에 있는 친구 스님을 데려와 함께 예배를 드렸습니다. 두 주 후에는 남자 스님도 왔습니다. 그리고 스님은 자기 절에 다니는 신도들도 데리고 왔습니다. 이렇게 3개월 이상을 다니다가 지난 12월 16일에 남자 스님 한 분과 세례를 받았습니다. 곧바로 십일조도 드리기 시작했고, 지금은 주일마다 승복을 입고 예배에 참석하여 함께 은혜를 나누고 있습니다.

*****
임석화 안수집사는 최근 3년 동안 390명을 전도했고, 그중 24명이 세례를 받았다.

4장

너희도
이방 나그네였음을
기억하라

* * *

낯선 땅에서 외롭게 사는 이들에게
전하라 (외국인 전도)

무당의 옷을 벗고
복음으로 살다

박금주 집사(한진희 교구, 한진희 구역)

—

　이전에 저를 알던 사람들이 현재 제 모습을 본다면 놀라 자빠질 것입니다. 게다가 '집사'라는 칭호까지 달고 복음을 전하고 있으니 아마 입이 다물어지지 않을 것입니다. 무당이었던 저는 목사님과 사모님의 전도를 받고 우여곡절 끝에 교회에 나오게 되었고 구원받은 은혜를 나누고자 전도를 시작했습니다. 이전의 모습이 어떠하든 저는 성령으로 다시 태어났습니다.

　2009년 기준으로 한국엔 100만 명이 넘는 외국인이 거주하고 있었습니다. 아마 지금은 훨씬 더 많이 늘어났겠지요. 이들 외국인 열 명 가운데 9명이 동남아 출신입니다. 이렇듯 한국은 다문화사회로 접어들었습니다. 해외로 나갈 형편이 못 될 때 국내에 있는 외국인들에게만 복음을 전해도 그 시너지효과는 엄청 날 것입니다.

✚ 홍과 카이 씨 이야기입니다.

'홍', '카이' 이름만 들어도 동남아 분위기가 물씬 납니다. 이들 부부는 베트남인입니다. 제가 이 부부를 소개받고 그 집을 찾았을 때 아내 홍은 임신 6개월이었습니다. 대다수의 동남아인들이 그러하듯 홍과 카이 씨의 집은 허름하기 짝이 없었습니다. 게다가 이들은 불법체류자였습니다. 늘 사람들을 경계했지요. 특히 제 정체를 모르니 더욱더 경계했습니다. 수차례 그 집을 찾아갔지만 반기는 건 고사하고 거들떠도 보지 않았습니다. 그러나 묵묵히 찾아가 도움을 베풀자 조금씩 태도가 변해갔습니다.

"교회 한번 놀러 와요."

드디어 홍과 카이 씨가 교회에 나오기 시작했습니다. 목사님은 아주 반기시며 돈까지 주셨습니다.

"이것 가지고 필요한 것들 있으면 사도록 해요."

홍과 카이 씨는 친구들도 데리고 교회에 나왔습니다. 본인들이 받은 사랑과 관심을 친구들과 공유하고 싶었나 봅니다.

홍과 카이 씨는 아기를 낳기 전에 좀 더 나은 집을 구했습니다. 아기를 낳은 후 홍 씨는 마땅한 일자리를 찾을 수 없었습니다. 그래서 아기와 함께 우리 집에 머물면서 일을 돕게 했습니다. 그리고 그에 상응하는 급여를 주기로 했습니다. 출산 후 몇 개월이 지나자 홍 씨는 다시 일자리를 찾았습니다. 홍 씨가 일을 하러 나가면 저는 날마다 아기를 돌봤습니다.

홍 씨의 부부는 베트남에 가고 싶어 했습니다. 그런데 아기 여권을 발급받을 수 없었습니다. 그래서 제가 대사관을 여러 차례 드나들면서 보증을 서고 문제를 해결해 주었습니다.

"집사님, 베트남에 가서도 신앙생활 잘하겠습니다."

현재 홍 씨 부부는 베트남 한인선교사님이 계시는 교회에 잘 다니고 있답니다. 홍 씨가 전도한 베트남 친구가 100명이 넘습니다. 복음은 곧 실천입니다.

✚ 동남아인 이야기입니다.

제자훈련을 마치고 나올 때 교회 벤치에 앉아있는 동남아인을 보게 되었습니다.

"저희 교회에 다니시나 봐요?"
"아니요, 갈 데가 없어서 그냥…"

저는 우선 그들을 위해 방을 얻고, 생필품을 사주었습니다. 알고 보니 한 사람은 한국인과 결혼했다가 이혼했고, 세 살 난 딸까지 딸려 있었습니다.

"저희 교회에서도 도움을 줄 수 있을 거예요."

아이가 어린이집에 다닐 수 있도록 도왔습니다. 그리고 저희 집에 데려와 돌봐주기도 했습니다. 지금 그녀는 홍과 카이처럼 열심히 신앙생활을 하면서 친구들을 전도하고 있습니다.

✚ 부부두와 싸지 부부 이야기입니다.

저희 구역엔 외국인들이 많습니다. 스리랑카인 부부두와 싸지 부부는 세례를 받은 후 저희 구역원이 되었습니다. 외국인들이 한국에 올 때엔 거의 맨손입니다. 그래서 저는 구역장님과 함께 이들 부부가 살 집과 필요한 살림을 장만해 주었습니다. 한국어가 서툴러 말은 통하지 않았지만 마음은 통했습니다. 부부두와 싸지 부부도 친구들을 교회에 데리고 오기 시작했고 일터가 바뀌어 이사를 간 후에도 성실하게 신앙생활을 계속하고 있습니다. 한 번에 20명 가깝게 외국인 친구들을 전도를 한 적도 있습니다.

✚ 댑 씨 이야기입니다.

저는 베트남 친구들에게 집중적으로 전도를 했습니다. 이때 알게 된 댑 씨가 제가 입원해 있는 병원을 찾아왔습니다. 댑 씨는 우리나라에 온 지 7년이 지났지만 여전히 한국말이 서툴러서 제가 알아듣기가 힘들었습니다. 제 말도 제대로 알아듣지 못했습니다.

"아기를 낳는데 도와주세요."

이 말을 하고 싶었던 모양입니다. 저는 그러마 대답하고,

교회에서도 도와줄 것이라고 말했습니다. 외국인 여성의 경우 아기를 낳은 후에도 계속 일을 해야 하기 때문에 어린이집은 아주 중요합니다. 그래서 늘 그렇게 했듯이 댑 씨에게도 어린이집을 알선해 주었고 댑 씨가 늦게 퇴근하는 날이면 제가 대신 아기를 돌봐 주었습니다. 댑 씨의 아기는 몸이 허약해서 어린이집에서 수시로 연락이 오곤 했습니다. 그때마다 교회 지체들이 각자의 영역에서 최선을 다해 도왔습니다. 차로 데려다 주시는 분도 있고, 무료진료를 해주시는 분도 있었습니다. 쌀이 떨어지면 교회에서 쌀을 갖다 주었습니다. 그 덕분에 댑 씨는 아기와 함께 교회에 잘 다닐 수 있게 되었고 베트남 친구들을 많이 전도했습니다.

✚ 소자에게 한 것이 곧 나에게 한 것이니라.

지인의 가게에 놀러 갔습니다. 한 손님이 술에 취해 몸을 가누지 못했습니다.

"어디에 사는 분이야?"

"용원에서 삼계탕집 하시는 분인데 영심 씨라고 불러."

그 후 직접 영심 씨네 삼계탕집을 찾아갔습니다. 그런데 전에 봤던 모습처럼 술에 취해 있지 뭡니까. 음식을 먹고 있는데 영심 씨가 제 곁으로 다가오기에 기회를 놓칠세라 얼른 말을 했습니다.

"세계로교회에 한번 놀러 오세요."
"네."

저는 영심 씨를 전도하기 위해 매일 그 식당에 갔습니다. 가서 설거지도 해주고, 장도 대신 봐주었습니다. 또 필요한 것은 없는지 유심히 살피고 도왔습니다. 영심 씨의 남편은 경찰이었습니다. 그런데 이 부부가 아이까지 데리고 교회에 나왔답니다. 지금 영심 씨 가족은 세례를 받고 신앙생활을 잘하고 있습니다.

✚ 분식집 이야기입니다.
하루는 전도하러 다니다가 분식집이 보여 들어갔습니다. 김밥 두 줄을 시켜 놓고 주인아주머니에게 물었습니다.

"사장님, 교회 다니세요?"

"아니요."

"저희 교회에 한번 놀러 오세요."

저는 제 신앙 간증을 시작으로, 개안 수술을 비롯하여 어려운 사람들을 많이 도와주고 대형 가족사진도 찍어 준다며 우리 교회를 소개하였습니다. 지푸라기라도 잡고 싶은 심정의 눈빛인 아주머니는 교회에 관심을 보이며 교회에 나왔습니다.

저는 그날 이후로 작정하고 날마다 분식집으로 갔습니다. 거래처에 줄 돈이 없어 쩔쩔맬 때는 돈도 대신 갚아 주었고, 장도 보아주었습니다. 살던 집도 쫓겨날 지경이 되어 보증도 서 주었습니다. 임신을 했지만 형편이 어려워 유산을 생각하기에 저는 내가 길러 줄 터이니 낳기만 하라고, 한 생명이 얼마나 귀한 줄 아느냐고 나무랐습니다. 우여곡절 끝에 그녀는 남편과 아이들까지 함께 데리고 교회에 나오게 되었고 지금은 신앙생활을 열심히 하고 있습니다. 몇 달 후 셋째 아이를 출산했을 때는 교회에서 병원비를 지원해 주었습니다.

✚ 김화순 집사 이야기입니다.

문득 칼국수가 먹고 싶어져 무작정 식당을 찾아 들어갔습니다.

"교회 다니세요?"

"교회를 다니기는 하지만 너무 멀어서 주일마다 가지는 못해요."

"주일을 지키는 것이 참 중요한데… 가까운 저희 교회에 나오시면 어때요?"

식당 손님이 뜸한 것 같아서 될 수 있는 한 그 식당으로 가서 점심, 저녁식사를 했습니다. 힘들게 차린 식당인데 장사가 잘되지 않아 힘들어 보였습니다. 주인 김화순 집사님은 주일마다 꼬박꼬박 예배를 드리게 되었습니다. 자연스레 신앙의 열정도 회복했습니다. 그리고 아들도 함께 교회에 나오기 시작했습니다. 참 흐뭇한 모습입니다.

✚ 박수근 학생 이야기입니다.

학생들을 전도하다가 PC방에서 만났습니다. 학생들에게 문상(문화상품권)보다 좋은 미끼는 없습니다.

"우리 교회에 나오면 문상 준다."

"정말이요? 갈게요."

그런데 하루는 수근이가 자전거를 타고 우리 집 주변을 맴돌고 있었습니다.

"수근아, 집에 안 가고 여기서 뭐해?"

"집에 가면 아무도 없어서 들어가기가 싫어요."

자초지종을 듣고 보니 사정이 딱했습니다. 아빠가 강원도로 이사를 가서 혼자 살고 있다는 것입니다. 함께 수근이네 집으로 가보니 문이 잠겨 있었습니다. 그제야 상황이 파악되었습니다.

그동안 수근이는 계단에서 잠을 자고, 남의 집 대문에 걸려 있는 우유를 먹으며 지냈던 것입니다. 학교도 무단결석을 해서 열흘만 지나면 유급이 될 상황이었습니다.

"수근아, 우리 집에서 같이 살자."

저는 수근이를 키울 결심을 했습니다. 수근이를 학원에도 보내고 필요한 물품을 사주었습니다. 수근이가 예수님만 알게 된다면 그 어떤 것도 해주고 싶었습니다. 다행히 수근이는 부모님과 연락이 닿아 부모님 곁으로 돌아갔습니다.

✚ 이태호 씨 이야기입니다.

이태호 씨는 거동이 자유롭지 못합니다. 친누나 집 근처로 이사와 살고 있었습니다. 장애인으로서 혼자 생활을 하려니 불편한 것이 한두 가지가 아닌 듯했습니다. 물건 하나 옮기는 것도 그렇고, 필요한 것 사러 나가는 것도 큰일이었습니다.

제가 도울 수 있는 일을 찾아 도와주었습니다. 그러다 보니 서로 자연스럽게 대화가 오가고 마음 문도 열렸습니다.

"세계로교회 들어봤어요?"

제게 마음의 빚을 지고 있다고 생각했는지 이태호 씨는 교회에 다니겠다고 말했습니다. 구역장님에게 말씀드렸더니 매주 차량을 마련해 주셨습니다.

전도는 설교가 아니라 행동입니다. 사소한 일이라도 도움을 필요로 하는 사람들이 많습니다. 이들을 사랑으로 도와준다면 스스로 교회를 찾을 것이라는 생각이 듭니다. 처음엔 주일마다 데리러 오는 것을 부담스러워하던 태호 씨가 지금은 미리 준비를 마친 후 차를 기다립니다.

✚ 손정애 씨 이야기입니다.

손정애 씨는 직장동료입니다. 서로 어느 정도 친해졌을 때 물었습니다.

"믿는 종교 있어?"
"전 무교예요."
"그럼 교회 한번 놀러와. 우리 교회에서는 큰 판형으로 가족사진도 찍어주거든."

또 제가 자신 있게 잘하는 음식을 만들어 싸주거나 장아찌나 고추장도 싸주면서 기회만 닿으면 교회 가자는 말을 했습니다. 석 달이 지났을 때 문자 한 통이 왔습니다.

"언니, 교회에 한번 갈게요."

정애 씨는 띄엄띄엄 교회에 나오더니 점차 횟수가 많아지면서 지금은 딸과 함께 매주 나옵니다.

*****
박금주 집사는 섬김을 통해 지난 3년간 1022명을 전도했고, 그중 330명이 세례를 받았다.

복음 안에서의
우연은 필연이다

우명하 · 박정미 집사(방용원 교구, 우명하 구역)

—

너희도 이같이 행하라

저는 서른두 살 때, 베트남에 파견 근무를 나갔습니다. 그곳에서 베트남 여인을 아내로 맞이했습니다. 장인어른은 한국 분이십니다. 베트남 통일전쟁 당시 베트남에 있는 미군 부대에 근무하셨습니다. 근무 중 다치셔서 병원에 입원하게 되었는데 그때 만난 간호사가 바로 지금의 장모님이십니다. 그리고 슬하에 1남 2녀를 두셨습니다.

아내인 박정미가 장녀였습니다. 아내에겐 깊은 마음의 상처가 있습니다. 미군이 철수할 때 아버지도 철수해버리신 겁니다. 그때 장모님 태중에 막내 여동생이 있었고 임신한 몸으로 힘들게 생활하시는 것을 지켜본 제 아내는 한국인에 대한 반감과 편견을 갖게 되었습니다.

'나는 절대 한국 사람과 결혼하지 않을 거야.'
그런데 지금의 제 아내가 된 것입니다.

제 삶은 큰 굴곡 없이 평범했습니다. 그러나 이따금 인생의 전환기를 맞이했는데 그때마다 하나님의 인도하심이 있었습니다. 코앞에 일이 닥쳤을 때엔 보이지 않던 것들이 시간이 지나고 나면 보이는 것들이 많습니다. 여하튼 제가 진해까지 와서 이 교회를 섬기게 되었고, 그 모든 과정이 저를 향한 하나님의 계획과 맞물려 있다고 믿습니다.

블루오션을 찾아 베트남에서 사업을 시작했다가 4년 만에 빈손으로 귀국했습니다. 그 사이 둘째 아이가 태어났습니다. 경력과는 전혀 관계없는 직장에 취직을 했습니다. 아이들은 무럭무럭 자랐습니다.

"아이들 교육을 위해서라도 교회에 보내야 하지 않을까?"

이 무렵 저희 부부에게 예수님을 전한 분은 이혜경 권사님이십니다. 이혜경 권사님은 아내가 공부하고 있던 대학의 교수셨습니다. 2011년 10월, 세계로교회의 지체가 되었습니다. 그 후 우리 부부는 2013년 10월까지 562명을 전도하였고, 그중 134명이 세례를 받았습니다.

사실 저는 어릴 때부터 교회에 다녔지만 신앙은 제자리걸음이었습니다. 그러나 세계로교회를 다니면서 하나님을 인격적으로 만났습니다. 그리고 아내와 저를 향한 하나님의 부르심을 들었습니다. 그때부터 전도를 시작했고 저희 부부의 전도 대상자는 외국인이었으며 그중 특별히 베트남 사람들입니다. 아마 동족을 사랑하는 아내의 마음도 나름대로 한 역할을 했을 겁니다. 사랑하는 사람에게는 가장 좋은 것을 주고 싶으니까요. 그리고 복음이야말로 세상에서 둘도 없는 보물이니까요. 아내는 자발적으로 주위의 결혼 이주 여성들을 도왔습니다. 그들을 격려하고, 생활에 필요한 정보를 제공했습니다. 말도 잘 안 통하는 가운데 그들 가정에 문제라도 생기면 통역을 해주었습니다. 제 도움이 필요할 때면 저도 기꺼이 도왔습니다.

많은 사람들이 감탄하며 묻습니다.

"전도를 어떻게 그렇게 많이 합니까?"
"대단하십니다!"

그러나 전도를 많이 했다고 칭찬을 받는 것은 마음이 불편합니다. 사실 어떤 사람이 복음을 듣고 받아들였다면 그것은 사람이 한 일이 아니라 성령님이 그 마음을 만지셨기 때문입니다. 그렇지만 그 놀라운 일을 위해 저희의 말과 행동을 사용하셨다는 것이 신비할 따름입니다. 저희의 전도방식은 단순합니다. 먼저 도움이 필요한 사람들(다문화가정, 베트남 또는 외국인 연수생)을 도와줍니다. 경제적 도움이 필요하면 자비량으로 해결합니다. 그리고 주일에 교회 나오라고 권합니다.

✚ 김수정 씨 이야기입니다.
김수정 씨는 베트남 여성입니다. 수정 씨는 10대의 어린 나이에 시집을 와서 아들 하나를 낳고, 몸이 불편한 시어머니를 모시고 살았습니다. 남편은 음식점을 경영했는데 오토바이를 타고 배달을 하다가 교통사고로 숨을 거두었습니다. 수정 씨는 한국말이 서툴고 나이도 어려 아이를 어떻게 양육을 해야 할지도 잘 몰랐습니다. 시어머니와 시댁 식구들과 의사소통이 제대로 되지 않아 힘들어했습니다.

아내는 수정 씨가 전화를 하면 언제나 찾아 갔습니다. 가서 이야기를 들어 주고, 통역도 해주었습니다. 또 구인란을 뒤져 적당한 일자리를 찾아 주기도 하고 행여 길을 못 찾을까 싶어 직접 데리고 가서 취직을 시켜주기도 했습니다.

그리고 한국어 공부를 할 수 있는 교육 기관을 소개했습니다. 자녀 교육과 생활 지원을 위해 여성 복지관과 주민센터, 출입국 관리 사무소도 같이 다니며 안내해 주었습니다. 이렇듯 온갖 일을 해주면서도 아무런 보상이나 수고비를 요구하지 않으니까 수정 씨는 오히려 아내를 의심했다고 합니다. 그래서 아내가 잠시 힘들어했습니다. 지금은 수정 씨는 물론 몸이 불편한 시어머니도 함께 교회에 나옵니다.

✚ 깜뚜 씨 이야기입니다.
20대 후반의 결혼 이주 여성으로 1남 1녀를 낳았습니다. 김수정 씨와 마찬가지로 남편은 몇 년 전에 병으로 세상을 떠났고 한 아파트에 시댁 식구들과 같이 살고 있었는데 자녀 문제, 의사소통 문제가 자주 생겨 제 아내가 수시로 방문해서 상담도 하고 통역도 해주었습니다. 서로의 이해 부족으로 오해한 일도 있었지만 깜뚜 씨와 두 자녀가 먼저 교회에 나왔고, 한국에 초청한 친정어머니가 뒤를 이었으며, 얼마 지나지 않아 시아버지와 막내 아가씨도 교회에 나오고 있습니다.

✚ 레꾹똔과 성 씨 이야기입니다.

베트남에 있을 때 한국어를 가르쳤던 학생들입니다. 산업 연수생으로 한국에 가고 싶어 했는데 저희가 한국에 온 뒤에 연락이 닿았습니다. 몇 년간 소식만 주고받다가 저희 집 가까운 곳으로 오게 되었습니다. 거주할 곳과 일자리도 소개해 주었습니다. 일터에서 문제가 생기면 통역도 해주고, 사장님에게 부탁해서 기숙사 입주도 도왔습니다. 두 사람 모두 복음을 받아들였습니다. 그래서 휴무인 주일이면 꼬박꼬박 교회에 나오고 있고 교육관에서 진행되는 한국어 수업도 열심히 듣고 있습니다. 레꾹똔 씨는 월급을 받으면 감사헌금도 드리는 모범적인 구역식구가 되었습니다.

✚ 김유미 씨 이야기입니다.

산업 연수생으로 와 있는 '남'이 김유미 씨를 소개해 주었습니다. 유미 씨 역시 한 부모 가정이었습니다. 결혼생활에 문제가 있자 첫째 아이를 베트남 친정에 데려다 놓았습니다. 다시 한국에 돌아오니 남편이 무단가출을 사유로 이혼 신청을 했고, 결국 강제이혼을 당했습니다.

본의 아니게 남편과 헤어지고 몇 년 후에 아들을 공부시키려고 한국에 데려왔습니다. 그러나 일곱 살 난 아들 구섭이는 베트남 말도, 한국말도 제대로 하지 못했습니다. 게다가 엄마인 유미 씨가 직장에 가면 혼자 있어야만 했습니다. 이웃에 살던 남이 이 가정의 딱한 처지를 보고 저희에게 도움을 청했던 것입니다. 저희는 먼저 아이를 맡길 어린이집을 소개하고 방문 선생님도 붙여 주었습니다.

그다음 우리 교회를 소개했습니다. 유미 씨도 우리 집과 가까운 곳으로 이사 오게 되었고 유미 씨가 잔업으로 퇴근이 늦어지면 구섭이를 우리 집으로 데려와서 밥도 먹이고 우리 아이들과 놀게 했습니다. 우리 아들 경민이와 딸 지수를 "형, 누나"라고 부르며 잘 지냅니다.

지난달에는 'LH공사'에서 한 부모 가정을 위한 전세자금 대출 제도를 마련했다는 사실을 알게 되어 부동산 중개업을 하시는 권상호 집사님의 도움을 받아 서류를 넣고 대출 신청 작업을 진행했습니다. 월 30만 원씩 내던 임대료를 7, 8만 원만 내면 되니 머잖아 그들의 가정도 어느 정도 여유를 누리게 될 것입니다.

✚ 반홍 씨 이야기입니다.

베트남인입니다. 어업 비자를 받아 한국에 와서 어선의 주방장으로 일했으나 계약이 만료되었어도 베트남으로 돌아가지 않아 불법체류자가 되어버렸습니다. 불법체류자 상태에서 일자리를 구하고 있는 반홍 씨를 만난 것입니다.

"반홍 씨, 우리 교회에 가면 일자리를 구해 줄 수도 있고, 한국어 공부도 할 수 있어."

반홍 씨는 일자리도 얻고, 근무가 없는 주일이면 교회에 나왔습니다. 한국어 공부도 열심히 했습니다. 몇 달 후 반홍 씨도 구역식구가 되었습니다.

✚ 키예프, 탄과 베트남 친구들 이야기입니다.

저와 같은 회사에 근무하는 베트남 근로자들입니다. 입사 때부터 통역을 해주면서 가까워졌습니다.

"우리 교회에 가면 다른 친구들도 많이 만날 수 있고 한국어 공부도 할 수 있어."

볼 때마다 이야기를 했더니, 하나둘 교회에 나오기 시작했습니다. 주일에도 일을 해야 할 때가 많아서 꾸준히 나오지는 못하지만 세례도 받고 신앙도 잘 자라고 있습니다.

✚ 후관수 씨 이야기입니다.

중국 사람입니다. 저희 회사에는 중국인이 몇 명 있습니다. 그런데 한국말을 거의 못합니다. 그래서 말을 붙여도 "몰라요." 하면서 고개만 흔들었습니다.

'어떻게 전도를 하지? 중국어를 몇 마디라도 배워야 하나?'

마침 중국어를 잘하시는 정옥란 집사님이 계셔서 도움을 청했습니다. 주중 식사 시간에 후관수 씨와 정옥란 집사님이 서로 대화하게 했습니다. 주위에 중국 사람이 없어서 외로웠는지 몇 마디 대화를 나누더니 선뜻 교회에 나오겠다고 했습니다. 후관수 씨는 거의 매주 주일성수 하며 한국어 공부도 열심히 하고 있습니다.

그동안 많은 외국인들에게 전도를 했습니다. 그러나 '어떻게 전도를 할까?' 고민한 적은 없습니다. 먼저 다가가 따뜻하고 부드러운 말을 건네고, 도움이 필요하면 도와주고, 이곳에서 어떻게 살아야 하는지 정보를 주고, 아픈 곳은 치료하도록 하면서 교회를 소개한 것이 전부였습니다. 이따금 이상한 사람으로 오해받기도 했지만 하나님 말씀대로 모든 것이 합력하여 선을 이루는 것을 늘 봅니다.

"하나님, 저희 부부를 사용하시니 감사합니다."

*****
우명하·박정미 집사 부부는 최근 3년 동안 673명을 전도했고, 그의 가정을 통해 159명이 세례를 받았다.

5장

복음파종은
사시사철

* * *

때를 얻든지 못 얻든지 전하라

(전천후 전도)

삶의 현장이
선교지

심규환 장로(심규환 교구, 심규환 구역)

—

"저 예수 믿어요!"

"저 예수 믿습니다!"

"나, 예수 믿어."

제가 예수님을 믿는다는 사실을 누구에게나 알리고 싶었습니다. 심지어 병원에 입원했을 때에도 원무과 직원들과 의료진, 다른 환자들에게 자랑을 했습니다. 그런데 입으로만 믿는다고 할 것이 아니라 행동으로도 보여줘야겠기에 이전에 즐기던 술 담배 모두 끊었습니다.

저는 특별히 시간을 내어 전도하지 않고, 퇴근길에 잠시 동네 부동산 중개소를 방문하거나 직장에서 휴식 시간에 직원들에게 복음을 전하는 방식으로 전도했습니다. 전도는 어렵게 생각하면 아주 어렵지만, 평소에 생활 속에서 전도하면 쉽기도 합니다.

제가 일하는 일터가 전도의 장이고, 제가 하는 일이 복음전파의 일부분이 되었습니다.

✚ 집 근처 인테리어 사무실 사업주 이야기입니다.

창원에서 명지로 이사 오면서 인테리어 사무실에 공사를 발주했습니다. 인테리어 사업주에게 친절히 대하면서 종종 그 사무실을 방문하여 공사 진척 사항도 듣고 예수님의 복음을 전했습니다. 교회에 한번 오라고 했더니 처음에는 예의상 몇 번 나왔지만 마감 일자에 맞추어 공사를 하자면 주일에도 일을 하는 경우가 많아서 잘 나오지 못했습니다.

그리고 육체적으로 고된 업무인지라 매일 음주로 피로를 풀었고, 특히 주말에 밤늦게까지 술을 마시고 주일에는 아예 전화를 꺼 놓고 자는 일이 허다했습니다.

그래도 저는 계속 사무실에 방문하여 자장면도 같이 시켜 먹고 친분을 쌓아 갔습니다. 그는 가끔 술에 잔뜩 취하여 새벽에 전화를 하기도 했습니다. 그때마다 저는 반갑게 전화를 받아 주고 술집으로 찾아가서 하소연도 들어 주고 술값 계산도 해주었습니다. 또 택시에 태워 집에 보내기도 했습니다.

그가 친동생 같아 마음이 더 쓰였습니다. 저는 한동안 인테리어 사무실로 퇴근하다시피 했습니다. 제 신앙 간증을 들려주기도 하고 예수님을 영접한 후 술 담배를 끊었다는 사실도 이야기했습니다. 처음에는 믿지 않는 눈치였지만 본인도 술 담배를 줄여 보겠다고 했습니다. 그러더니 차츰 술 담배를 줄여 가면서 주일성수를 지키기 시작했습니다.

이후 세례도 받고 아내도 전도하여 교회를 열심히 다니게 되었습니다. 또한 부모님과 형제들은 물론 같은 업계에 있는 사람들을 많이 전도했습니다. 지금은 구역장 직분을 맡아 열심히 하나님을 섬기는 모범적인 일꾼으로 살고 있습니다.

✚ 보험 영업사원 이야기입니다.

한 지인이 구역모임에 그를 초청했습니다. 그는 이 모임의 가족적인 분위기가 좋다며 몇 번 더 참석해 저는 자연스럽게 그를 교회로 인도했습니다. 처음에는 집(해운대 반송)에서 교회가 너무 멀어 조금 힘들어하는 것 같았습니다. 버스를 세 번이나 갈아타고 온다고 했습니다. 저는 전화 통화도 자주하고 문자로도 계속 연락하면서 그를 격려했습니다.

업무상 월 마감 때는 시간에 쫓겨 주일성수를 못 하기도 했습니다. 실적이 없어 어려워할 때는 보험을 가입해 주어 그에게 작은 힘이라도 되어 주려고 애를 썼습니다. 집안 경조사가 있으면 구역식구들과 그의 고향인 경주에 가서 위로도 해주고 축하도 해주었습니다. 그가 세계로교회 출석하여 세례 받은 지 벌써 3년이 지났습니다. 지금은 열심히 주일성수 하며 믿음생활을 잘하고 있습니다.

✚ 부동산 중개소 소장 이야기입니다.

부동산 중개소는 동네에 흔하게 있어서 우리가 쉽게 접할 수 있는 곳입니다. 살면서 한 번 이상은 이사를 하게 되므로 생활 속에서 꼭 필요한 곳이기도 합니다.

저는 가끔씩 동네를 산책하다가 그곳에 들러 살아가는 이야기를 나눕니다. 과일이나 과자 등을 조금 사서 방문하면 소장님들이 참 좋아하십니다. 부동산 매매 일을 소개해 주면 더욱 좋아하셨습니다.

이렇게 인간적인 교류가 맺어진 뒤에 저는 예수님을 소개하면서 본격적으로 전도를 시작했습니다. 그러나 본인들은 불교신자라서 교회에 절대 갈 수가 없다고 거절했습니다. 그래도 저는 포기하지 않고 식사도 자주 함께하면서 인간관계를 돈독히 해 나갔습니다. 4년 동안 끈기 있게 계속 설득한 결과 2명이 교회에 나오게 되었고, 올해 1/4분기에 세례를 받았습니다.

지금은 구역모임에도 열심히 잘 나와서 모임을 아주 재미있는 분위기로 이끕니다. 그 모습에 많은 성도가 도전을 받고 있습니다. 이 소장님들은 각자 남편과 자녀들을 전도하려고 애쓰고 있습니다.

✚ 은행 지점장 이야기입니다.

은행은 현대 사회의 모든 사람이 한 달에 몇 번은 가는 곳입니다. 저도 사무실에서 인터넷뱅킹을 이용하지만 자금 대출을 받는 등의 업무를 볼 때면 은행에 직접 가기도 합니다.

한번은 은행 창구에서 수표를 입금한 후 바로 송금을 부탁했더니 타행 수표라서 그날 안에는 불가능하다고 했습니다. 그때 마침 지점장님이 제 난처한 상황을 보고 직접 해결해주셨을 뿐 아니라 지점장님 방으로 오라고 하셔서 차도 대접해주셨습니다.

그 이후 저는 일부러 은행에 자주 가서 지점장님에게 인사도 드리고 대화도 많이 하면서 서서히 예수님을 전했습니다.

저는 기존 은행 거래처를 정리하고 그 은행을 주거래 은행으로 삼아 지점장님과 식사도 하면서 인간관계를 쌓아 갔습니다.

저희 교회 하계수련회에 초청했더니 지점장님과 과장님 두 분이 함께 오셨는데 참으로 즐거워하셨습니다. 구역모임에도 나오셔서 구역식구들과 교제도 나누었습니다. 지점장님은 집에서 교회까지 한 시간 이상 걸리는데도 주일에 빠지지 않고 교회에 잘 나오셨습니다.

저는 외근을 나갈 때마다 은행을 방문해서 직원들을 모두 전도해야겠다고 결심했습니다. 그래서 지점장님의 도움을 받아 계장님 한 분, 과장님 두 분, 부지점장님을 구역모임으로 초청해서 식사를 하며 교제도 나누고 친분을 쌓았습니다. 그분들은 주일에 교회에 나오게 되었고, 목사님의 설교 말씀에 감동하여 모두 세례를 받고 하나님의 자녀가 되었습니다.

*****

심규환 장로는 최근 3년 동안 257명을 전도했고, 그중 42명이 세례를 받았다.

전도는
장애물 경주

배은영 집사(양판순 교구, 유석주 구역)

—

내가 뿌린 겨자씨

기독교라는 종교가 제겐 전혀 낯설지 않습니다. 제가 다니던 고등학교가 미션스쿨이었습니다. 그 시절 친구를 2명이나 전도 했고 대학에 들어가서는 캠퍼스 노방전도로 다녔습니다. 나름 대로 괜찮은 그리스도인이었던 셈입니다.

그러나 졸업 후 사회생활이 시작되면서 제 신앙은 현상유지에 급급했습니다. 신앙에 있어서 현상유지란 곧 퇴보를 의미합 니다. 남편 역시 결혼 전에 교회를 다녔습니다.

"결혼하면 더 열심히 믿을 테니 두고 봐."

그러나 약속과는 달리 남편은 가뭄에 콩 나듯 교회에 갔습니다. 저랑 아이들만 나름대로 주일을 지켰습니다.

그런데 2006년 이사를 하면서 세계로교회에 등록하게 되었습니다. 이 교회 지체들은 열정이 어찌나 뜨거운지 남편을 가만두지 않았습니다. 기도는 물론이고 틈만 나면 교회에 나오라고 말했습니다.

다행히 남편도 교회에 나가기 시작했습니다.

"이 교회 다닐 만하네. 목사님 설교 시간에 졸리지가 않아."

저는 물론이고 아이들도 아빠가 교회에 다니니 아주 좋아했습니다. 남편도 기분이 좋은 모양인지 꾸준히 다니게 되었고 2년 후엔 구역장이 되었습니다.

✚ 박경희 씨에게 뿌린 겨자씨

옷가게에 들렀다가 주인인 박경희 씨와 친해졌습니다. 손님에게 친절하기도 했지만 대화도 잘 통했습니다. 교회 집사님들을 고객으로 소개하기도 했습니다.

만날 때마다 자연스럽게 교회를 소개하고, 예수님을 전했습니다.

결국 박경희 씨는 친정어머니와 함께 세례를 받았습니다. 더욱더 놀라운 것은 박경희 씨가 전도한 사람 수가 50명이나 된다는 사실입니다.

✚ 박정아 씨에게 뿌린 겨자씨

박정아 씨는 부산 시청에 근무하는 공무원입니다. 박정아 씨도 아이와 함께 세례를 받았습니다.

✚ 반찬가게 아주머니에게 뿌린 겨자씨

제가 자주 들리던 반찬가게 아주머니도 복음을 받아들이고 세례를 받았습니다.

✚ 정미숙 언니에게 뿌린 겨자씨

반신욕 다이어트를 하면서도 복음을 전했습니다. 자녀들과 함께 열심히 신앙생활을 합니다. 전도도 열심히 합니다.

제 몸에 이상이 생겼습니다. 2010년 8월, 갑상선종으로 수술을 받기로 했습니다. 암도 아니고 양성인지라 그리 큰 수술은 아니었습니다. 그래서 미리 계획했던 일본 가족 여행을 다녀온 후에 수술을 하기로 했습니다. 겨드랑이를 통해 내시경 수술을 받는데 몇 개월 동안 수술 부위가 많이 아팠습니다. 몸이 아프니 다른 사람들의 고통에 대해 다시 한 번 생각해 보게 되었습니다. 예컨대 '5분 간증' 같은 것을 들을 때 공감하기 힘든 부분들이 있었는데 제가 아프고 보니 뒤늦게 이해가 되었습니다.

몸이 아프니 마음이 낮아져서 그런지 주변의 아픈 사람들, 고통받는 사람들이 보이기 시작했습니다. 제 남편도 그 가운데 하나입니다. 남편은 몸이 아픈 것이 아니라 마음이 이따금씩 아픕니다. 그래서 자주 우울해하곤 합니다. 그러한 남편의 감정을 훨씬 더 잘 이해할 수 있게 되었습니다.

지금까지 저는 전도를 할 때 그 사람의 영혼을 구원하는 데 제가 큰 몫을 했다는 자부심으로 마치 전도가 다른 사람을 위한 것이라고만 생각했습니다. 그런데 몸의 고통을 맛보고 나니 전도라는 것은 억지로 해야 하는 숙제 같은 것이 아니었습니다. 전도를 통해 믿음이 자라 더욱 풍성한 생활을 누리게 되었습니다.

몸이 회복되고 힘도 생기자 다시 전도를 시작했습니다. 장애물을 하나 넘고 나니 시야가 좀 더 넓어진 것 같았습니다. 2년간 노인정 전도를 했습니다.

어르신들에게는 "할머니~"라고 다정한 목소리로 불러드리는 것만으로도 이미 전도의 시작입니다. 또 이야기를 들어드리는 것도 그분들을 기쁘게 합니다. 매주 전도용품으로 두부가 나오는데 그 두부를 함께 먹으며 할머니들의 말벗이 되어드렸습니다.

주일이 되면 남편과 함께 이분들을 모시러 갑니다.

"할머니! 벌써 나오셨어요?"

모두 미리 나와 기다리셨습니다. 교회에 행사가 있을 때에는 백 분이 넘게 모이십니다. 그래서 권사님, 집사님들과 힘을 합쳐 버스 두 대를 빌린 적도 있습니다. 노인정 네 곳에서만 모두 서른다섯 분이 세례를 받으셨습니다. 교회와 거리가 먼 분은 가까운 개척교회로 안내해드렸습니다.

이번에는 아파트 전도입니다. 작년에는 일주일에 세 번씩 아파트 단지를 돌면서 복음을 전했습니다. 3일 가운데 하루는 노인정 전도도 같이 했습니다. 역시 나이 드신 분들은 복음을 빨리 받아들이셨습니다.

엘리베이터 전도 방법도 효과적입니다.

"저 차 한잔만 주세요."

그리고 그 댁에 따라 들어가 차분하게 복음을 전하는 것입니다. 이렇게 친밀하게 대화를 나눈 분들은 거의 모두가 교회에 등록하셨습니다.

어르신들 전도에는 양 손에 뭔가를 들고 가는 것이 효과적이고 몸이 약하시기 때문에 안전하게 모시러 가는 것은 필수입니다. 예배를 마친 후에도 여분의 떡과 과일을 챙겨드린다든가 양말세트라도 선물하면 아주 좋아하십니다. 혹시라도 몸이 편찮으셔서 입원하신 분은 반드시 찾아뵙고 위로해 드립니다. 이러한 행동 하나하나가 차갑게 굳어진 마음을 서서히 녹입니다.

*****
배은영 집사는 최근 3년 동안 151명을 전도했고, 그중 1명이 세례를 받았습니다.

술 대신
성령에 취하다

윤효녀 권사(엄용섭 교구, 엄용섭 구역)

—

아내가 무서워

남편에게 술은 둘도 없는 친구였습니다. 가끔 주일에 예배를 드리기는 하지만 술자리를 찾는 것만큼 열정적이지는 않습니다. 남편은 절대 회식을 빠지지 않습니다. 2차, 3차는 기본코스이고 기분이 좋을 때엔 5차까지 이어졌습니다. 그런 날은 귀가하자마자 출근을 했습니다. 술에 늘 젖어 있다 보니 웃지 못 할 해프닝이 한두 가지가 아닙니다.

술에 너무 취한 나머지 도랑에 빠져 온몸에 흙탕물을 뒤집어 쓴 적도 있고, 파출소에 들어가 "저 실직했는데 국밥 한 그릇 시켜주십시오!" 하면서 경찰관을 괴롭힌 적도 있습니다.

엘리베이터 문이 열리는 것을 우리 집 현관문이 열린 줄 알고 신발을 계단 위해 벗어 놓은 채 현관 밖에서 잠을 잔 적도 있습니다. 그날은 새벽 6시가 되어도 남편이 들어오지 않아 걱정이 되어 문을 열고 나가려는데 문이 잘 안 열리는 겁니다. 힘을 주어 문을 밀어 보니 남편이 누워 자고 있는 겁니다. 남편도 놀라고 저도 놀랐습니다. 남편도 충격을 받았던지 일언반구도 없이 대충 씻고는 부리나케 출근했습니다.

그래도 출근을 꼬박꼬박 하니 다행이었습니다.

남편은 술값 대부분을 자기 월급으로 충당합니다. 월급의 상당부분이 술값으로 지출되니 더 이상 남편을 방치할 수 없었습니다.

"당신, 카드 다 내놔."

카드를 압수해버렸습니다.
딸아이를 업고 남편이 있는 노래방을 찾아간 적도 있습니다.

"노래방에서 술을 파시다니 경찰에 고발할 겁니다."

노래방 주인을 윽박지르기도 했습니다.

저는 점점 사납고 무서운 아내로 변해갔습니다.

둘째 아이를 낳았을 때에도 남편의 음주가무는 변함이 없었습니다.

"이제 도저히 당신과 못 살겠으니 이혼해."

그러나 이혼 이야기를 꺼낼 때마다 남편은 싹싹 빌었습니다.

"앞으로 절대 안 그럴 테니 딱 한 번만 용서해줘."

그러나 작심삼일이라고 했던가요. 남편은 전혀 바뀌지 않았습니다. 저도 제풀에 지쳐 잔소리도 줄고 그냥 신앙생활에만 몰두했습니다.

제가 새벽기도를 나갔을 때의 일입니다. 만취한 남편이 새벽에 귀가해서 방문을 열어보니 아이들만 자고 있고 제가 없더라는 것입니다. 순간 남편은 술이 확 깨더랍니다.

'아이고, 무서운 마누라가 드디어 가출을 했구나.'

우선 냉수를 마시고 정신을 가다듬은 뒤 사태해결을 위해 머리를 짜내고 있는데 제가 돌아온 것입니다. 저는 아무 소리 하지 않고 콩나물해장국으로 밥을 차렸습니다.

"속도 안 좋을 텐데 이것 먹고 출근해."

이러한 내 태도가 낯설고 슬그머니 겁까지 났던 모양입니다. 남편의 음주생활은 변함이 없는데 저는 나날이 달라지니 말입니다. 새벽기도 가는 것도 몇 번 가다 말겠지 했는데 두 달을 넘게 다니고, 잔소리도 안 할 뿐더러 꼬박꼬박 해장국을 대령하니 점점 초조해지더랍니다.

이러한 제 모습을 지켜보던 남편은 제풀에 회개를 했습니다.

"내가 그동안 완전히 잘못 살았어."

그 이후로 남편은 직장동료들에게 술 담배 싹 끊는다고 선포했습니다. 세계로교회에서는 자신의 삶을 탕자에 빗대어 간증을 하기도 했습니다.

제자훈련을 마치고 남편은 노래방에서의 실력을 수요예배

찬양 팀에서 발휘하고 있습니다. 가끔 필을 받으면 꺾어 부르기도 하지만 듣는 성도님들은 은혜가 넘친다고 합니다. 남편은 9년 전부터 구역장으로 섬기고 있으며, 3년 전에는 안수집사 직분을 받았고 교구장으로도 섬기고 있습니다.

네 이웃을 아느냐

저희 부부는 아파트 이웃에게 복음을 전하기 시작했습니다. 먼저 우리 애들 또래의 아이들을 둔 엄마들을 공략했습니다. 만날 때마다 밝게 웃으며 인사를 했고, 자주 마주치다 보니 낯이 익게 되었습니다.

그다음엔 우리 집으로 초대해서 일주일에 두세 번 점심을 먹고 수다를 떨었습니다. 아예 현관문을 열어두었습니다. 아이엄마들이 부담 없이 드나들도록 말입니다.

수다를 떨다보면 각 가정의 문제가 조금씩 얼굴을 내밉니다. 우리 부부가 도울 일인 것 같으면 자청해서 도왔습니다.

맞벌이 부부의 경우엔 나서서 유치원 등·하원을 시켜주었고 아이가 아플 때엔 병원에 데려 가기도 했고 병원 응급실에서 아픈 아이의 가족과 함께 밤을 새우기도 했습니다.

명절이 되면 한 집도 빠짐없이 선물을 준비해 나누어 주며 인사를 했습니다. 맛있는 음식도 만들어서 나누어 주었고, 과일도 한 상자씩 더 사서 나누어 먹었습니다.

엄마들은 대부분 저보다 나이가 어려서 언니처럼 잘 따랐고, 아이들도 저를 이모라고 부르면서 우리 집에 자주 드나들었습니다. 우리 아이들과 똑같이 간식을 챙겨 먹이고 우리 집에서 맘껏 놀도록 했더니 엄마들도 안심하고 우리 집에 아이들을 맡겼습니다.

그 덕분에 우리 집은 이웃집 엄마들과 아이들로 늘 북적였습니다. 같은 라인에 사는 가족과 주말나들이도 같이 가고 영화도 함께 보러 갔습니다. 대형 마트에 가게 되면 일일이 전화를 걸어 필요한 것을 묻고 대신 사다 주기도 했습니다. 그러다 보니 자연스럽게 힘들고 어려운 일이 생기면 저에게 먼저 연락을 할 정도로 아이엄마들과 친밀해졌습니다.

아이들이 많이 드나들다 보니 텔레비전이나 컴퓨터 고장이 잦았습니다. 집 안도 언제 청소를 했는가 싶을 정도로 난장판이었습니다. 그렇지만 남편은 지쳐서 퇴근하여 돌아와서도 전혀

화를 내지 않고 청소를 해주었습니다.

드디어 전도 주간이 되었습니다. 우리 부부가 한마디 꺼낼 차례입니다.

"교회에 같이 가요."

대다수가 우리 말을 들어주었습니다. 저희도 고마워 이웃을 더욱더 잘 섬겼습니다.

'어떻게 하면 이웃을 좀 더 잘 섬길까?'

우리 부부의 변함없는 기도제목입니다.

주일마다 전도한 이웃을 모시고 교회에 갑니다. 5인승 승용 차로는 다 태울 수 없어서 두세 번 왕복해야 했습니다.

'해결책이 없을까?'

기도하다가 감동이 와서 차를 팔기로 결정했습니다. 사실 그 당시 우리 차는 최고급 사양인 SM7으로 구입한 지 4개월도 안 되는 새 차였습니다. 다행히 중고 시세가 좋아서 소형 SM3와 12인승 스타렉스를 구입할 수 있어서 소형차는 남편의 출·퇴 근용으로, 스타렉스는 이웃과 교회를 섬기는 제 전용차로 몰고 있습니다.

그런데 번번이 스타렉스를 얻어 타는 것을 부담스러워한 이웃 새댁이 있습니다. 그 집엔 3개월 된 아기도 있었습니다.

"여보, 당신이 대신 교회에 데려다주면 안 돼?"

결국 그 집 남편은 아내의 부탁을 들어주다가 자연스럽게 교회에 출석하게 되었습니다. 바로 이민정 집사님 가정의 이야기입니다. 이민정 집사님은 친정식구들과 이웃들을 열심히 전도하고 있습니다.

그들의 입과 손과 발이 되어라

✚ 이혜경 권사님 이야기입니다.

"교회에 가축을 데려가도 될까요?"

'히타홍' 씨가 이혜경 권사님에게 보낸 문자입니다.

이혜경 권사님은 유아교육학과 교수입니다. 권사님은 전도를 못 하고 있는 것에 대해 늘 부담감을 안고 계셨습니다. 그런데 이 권사님께서 다문화가정을 위한 특별 강의를 하시게 되었고 그곳에서 박히타홍 씨를 만났답니다. 베트남인인 히타홍 씨는 아직 한국말이 많이 서툴렀고 한국 사람에게 상처도 많이 받아 마음 문을 꼭 닫고 있었습니다. 권사님은 히타홍 씨를 볼 때마다 안타까운 마음이 들어 따로 만나 식사도 하고 대화도 나누었습니다.

"히타홍 씨, 우리 교회에 외국인을 위한 한글학교가 있어. 많은 외국인들이 여러 가지 도움을 받고 있지."

바로 그 주에 히타홍 씨가 문자를 보낸 것입니다. 권사님은 히타홍 씨가 말한 '가축'이 애완견을 의미할 거라고 생각했습니다.

"그럼요. 데리고 와요."

권사님은 일단 대답을 한 후 어떻게 애완견을 돌볼까 머리를 짜냈습니다.

'강아지는 내가 돌보고, 히타홍 씨는 언니랑 같이 예배를 드리게 하면 되겠지.'

권사님의 언니는 이은경 권사님이십니다.

주일 오전, 히타홍 씨가 교회에 나타났습니다. 그런데 애완견은 보이지 않고 남편과 아이 2명만 있었습니다. 히타홍 씨가 보낸 문자의 '가축'은 다름 아닌 '가족'이었던 겁니다.

애완견을 돌보더라도 한 영혼을 예배의 자리에 인도하고 싶었던 이혜경 권사님의 아름다운 마음이 엿보입니다.

히타홍 씨는 예수님을 만났습니다. 마음의 상처도 많이 치유되었고 자신이 경험한 것을 다른 베트남 가정에 전했습니다. 2012년에는 무려 367명이나 전도했고, 그 가운데 73명이 세례를 받았습니다. 지금은 구역장인 남편 우명하 집사님과 함께 구역원을 섬기고 있습니다.

✚ 이혜경 권사님의 남편 이야기입니다.

인라인스케이트가 취미인 남편이 있으면 남편은 자기도 배우고 싶다고 하며 접근합니다.

"인라인스케이트를 그렇게 잘 타신다면서요?"

실제로 일주일에 세 번 정도 함께 인라인스케이트를 타고 시원한 음료수를 마시며 교제를 나누었습니다.

"영화를 좋아하시나 봐요?"

남편은 영화 감상을 좋아하는 남편들을 위해 토요일 상영 시간에 맞추어 영화표를 예매합니다. 목사님이 영화티켓을 주셨다고 하면서 말입니다. 그리고 영화를 보러 오가는 길에 서로 대화를 나눕니다.

사실 저희 부부는 낚시와는 아주 거리가 멀지만 낚시를 좋아하는 남편들을 만나면 그들을 전도하기 위해 밤낚시를 함께 갔습니다.

"와, 고기 잡는 실력이 보통이 아니시네."

시간이 갈수록 이들 남편들은 구역식구들과 어울리는 것이 어색해하지 않습니다. 아예 구역모임을 야외에서 고기를 구워 먹거나 다양한 스포츠 모임으로 교제를 했더니 부부 참석률이 90퍼센트나 되었습니다. 이런저런 이유로 일주일에 두 번씩 만나게 되었고 우리 부부를 형님 형수처럼 생각하며 의지했습니다. 부부사이에 문제가 생기거나 직장에서 어려움을 겪으면 우리 부부에게 하소연을 했습니다. 이렇게 가까워진 남편들은 교회 행사 때마다 참석해서 주일예배를 드렸습니다. 특히 교회 잔디밭에서 점심을 같이 먹는 것을 즐거워했습니다.

✚ 박희경 씨 이야기입니다.

박희경 집사님은 아파트 같은 라인 전도의 첫 열매입니다. 동주 엄마인 희경 씨의 친정어머니는 폐암 말기 환자이셨습니다. 그래서 일주일에 두세 번씩 요양원을 방문하여 병간호를 했습니다. 승용차로 한 시간 정도 걸리는 거리인 요양원을 다녀오는 날이면 희경 씨는 늘 우울했습니다.

"그렇구나, 기도할게."

저는 희경 씨의 이야기에 귀를 기울였습니다. 그리고 밑반찬이나 과일을 사다 주었습니다.

"새벽기도 같이 갈래?"

희경 씨가 선뜻 따라나섰습니다. 주일이면 동주와 함께 교회에 나와 친정어머니가 천국에 가시기를 기도했습니다. 친정어머니는 목사님을 통해 영접기도를 드렸고 세례도 받으셨습니다. 그리고 일주일 뒤에 소천하셨습니다. 의사선생님도 놀랄 정도로 편안하게 돌아가셨다고 합니다. 장례를 마친 후 희경 씨는 모든 공예배에 출석했고, 제자훈련 교육도 받았습니다. 곧 집사 직분을 받아 이웃을 전도하게 되었습니다.

✚ 산둥성에서 온 중국인 이야기입니다.

언제인가 중국인들이 임금체불 문제로 도움을 청했습니다. 저는 노동청에 가서 신고를 해주고, 밀린 월급과 퇴직금을 받게 도와주었습니다. 그 일을 계기로 산둥성에서 온 중국인 근로자들이 교회에 오게 되었고 모두 예수님을 영접하였습니다.

그분들이 고향으로 돌아갈 때 우리 부부는 공항에 나가 배

웅을 했습니다. 서운함 마음과 함께 감격도 있었습니다.

성경책을 챙기면서 서툰 한국말로 이렇게 말합니다.

"누님, 걱정하지 마세요. 중국에서도 교회를 찾아서 신앙
생활 열심히 할게요."

우리 부부는 산둥성으로 평신도 선교사를 파송한 것입니다.

지경을 넓히라

2006년, 넓은 새 아파트로 이사했습니다. 이제 지경을 넓혀
동네 아이엄마들뿐만 아니라 상가까지 복음을 전하기 시작했습
니다. 빵집, 문구점, 식당, 세탁소, 부동산, 병원, 약국 등 우리
부부가 밟는 곳은 모두 복음으로 정복할 땅입니다.

새벽마다 전도 대상자들의 이름을 부르며 기도를 드렸고, 매
일 아침 10시부터 저녁 늦은 시간까지 사람들을 만나러 다녔습
니다. 첫 방문 때에는 과일이나 두부, 떡, 김 등을 들고 갔습니
다. 개업한 지 얼마 안 된 식당이 있으면 그 식당의 홍보용 스티

커를 우리 차에 붙이고 다니며 사람들이 물어보면 음식도 맛있고 서비스도 좋은 곳이라고 홍보해 주었습니다. 식당 주인들은 고마워하며 저희가 가면 공짜로 음식을 대접하기도 했지만 저희는 꼭 계산을 했고 바쁠 때는 서빙도 도와주었습니다. 그리고 전도 주간 때 교회에 한번 오라고 부탁했습니다. 바빠서 못 간다고 하면 영업하러 오는 것으로 생각하라고 하면 대부분 한 번쯤은 교회에 왔습니다.

그러나 노골적으로 반감을 표시하는 분도 있었습니다. 사실 그 식당의 단골인데 말입니다. 아마 단골손님이 너무 많아서 그럴 수도 있겠지만 여하튼 가게가 한가한 오후 서너 시경 간식을 챙겨들고 가면 사장님은 얼른 주방으로 도망가 버리십니다.

"교회 갈 때가 되면 어련히 알아서 갈까. 아니, 왜 이렇게 자주 찾아오는 거야?"

화를 내실 때도 있습니다.
그래도 계속 그곳에 가서 밥을 먹었습니다. 사장님 아들이 오히려 미안해하면서 말했습니다.

"죄송합니다. 아버님 모시고 곧 교회 갈 테니 조금만 기다려주세요."

몇 주 후 아들은 아버지와 친구까지 모시고 교회에 나왔습니다.

"교회 때문에 장사를 포기할 수는 없지."

그러나 교회에 나온 지 한 달도 채 못 되어 사장님은 주일에 가게 문을 닫고 예배에 집중했습니다. 아들과 그 친구들과 함께 세례도 받았고, 십일조도 드렸습니다. 구역 식사당번이 되면 가게 일을 제쳐놓고 교회에 와 일손이 되었습니다.

"저희를 사용하시니 감사합니다. 복음을 전하는 저희 발걸음을 아름답게 지켜주소서!"

*****
윤효녀 권사는 최근 3년 동안 671명을 전도했고, 그중 176명이 세례를 받았다.

내가 너와
함께 함이라

한정순 권사(양판순 교구, 장순칠 구역)

—

나를 기억하느냐?

'내가 언제 교회를 다녔던가!'

기억이 가물가물합니다. 학생시절 한 석 달 교회에 다녔나 봅니다. 결혼생활을 시작하면서 마음의 여유를 잃었습니다. 늘 분주한 일상이 다람쥐 쳇바퀴처럼 반복되었습니다. 사는 게 힘들 때면 기도를 했습니다. 그렇지만 교회에 가야겠다는 생각은 하지 않았습니다.

서울에 살다가 사업이 망하는 바람에 부산까지 왔습니다. 수중에는 100만 원밖에 없었습니다. 부산 방근 마을에 있는 김 공장 신문구인광고를 보고 내려온 것입니다. 3개월간 일을 하고 나니 그 일이 끝났습니다. 이제 어떻게 할까 고민하고 있을 때 서울에 사는 친구에게서 연락이 왔습니다.

"수술을 해야 하는데 돌 지난 애를 돌봐줄 사람이 없네."

친구는 아이를 데리고 부산으로 왔습니다. 그런데 어느 날 그 아이가 마루에서 땅바닥으로 떨어졌습니다. 순간 앞이 캄캄해졌습니다.

"하나님, 제발 아이가 무사히 깨어나게 해주세요. 그럼 교회에 꼭 다닐게요."

다행히 아이는 무사했습니다.
한숨을 돌리고 있던 차에 동네 아가씨가 세계로교회를 소개하며 제게 복음을 전했습니다. 그 후부터 저는 세계로교회에 다니게 되었습니다.
교회에 처음 들어선 순간 하나님을 느낄 수 있었습니다.

"내가 늘 너와 함께했단다. 이제 다시 왔구나."

제가 어떠한 삶을 살아왔든지 간에 하나님은 늘 저와 함께 계셨다는 것을 확신할 수 있었습니다. 순간 눈물을 주체할 수 없었고 간절한 마음으로 기도했습니다.

"하나님, 제가 이후로는 하나님을 떠나지 않겠습니다. 제 손을 굳게 잡아주세요. 저를 절대 놓지 마세요."

남편과 함께 교회에 나가고 싶었습니다. 목사님께서는 제 남편을 전도하기 위해 인근에 살고 있는 부부와 교회 집사님 몇 가정을 모아 저녁마다 윷놀이를 하게 하셨습니다. 윷놀이를 중도하차 할 수는 없었습니다. 이미 2~3만 원씩 냈고, 윷놀이를 마치면 염소를 잡아먹기로 했기 때문입니다. 한 사람만 빼고는 윷놀이 모임에 참여했던 분 모두가 예수님을 영접했습니다. 그리고 집사와 장로가 되었습니다.

십일조는 이웃을 돕고 복음을 전파하는 일에 사용한다는 말에 저도 기꺼이 십일조를 드렸습니다. 하나님에 대해 더 많이 알고 싶어서 성경을 읽기 시작했습니다. 그러나 성경책을 집어들기만 하면 잠이 쏟아졌습니다. 저를 전도했던 아가씨가 성경

암송 카드를 사 주었습니다.

일을 하면서 틈틈이 성경말씀을 암송했는데 그때 제 맘을 사로잡는 구절이 있었습니다.

"두려워하지 말라 내가 너와 함께 함이라 놀라지 말라 나는 네 하나님이 됨이라 내가 너를 굳세게 하리라 참으로 너를 도와주리라 참으로 나의 의로운 오른손으로 너를 붙들리라" (이사야 41:10)

얼마나 든든한 말씀인지 그 기쁨은 마치 온 세상이 내 것이 된 것 같았습니다. 금방이라도 하늘로 날아오를 것 같았습니다. 그 크신 하나님이 나의 하나님이시고, 나를 붙드시고, 도와주신다는 이 약속이 제게 새 힘을 주었습니다. 물론 하나님께서 저를 어떠한 방법으로 도와주실지 알지 못합니다. 제 앞의 현실은 여전히 막막합니다. 그러나 제 마음 속엔 확신이 있었습니다.

'하나님께서 도와주신다고 약속하셨으니 알아서 해주실 거야.'

교회에 다닌 지 한 1년 쯤 지났을 때 퇴근길에 목사님을 만났습니다.

"한 선생님, 월급은 얼마나 받고 직장에 다니고 있습니까?"

"네. 50만 원 정도 받습니다."

"그러면 그거 포기하고 하나님의 일을 해 보지 않겠습니까?

몸도 안 좋았던 터라 즉시 다니던 직장을 관두고 교회 일을 도왔습니다. 청소도 하고, 사모님과 집사님들을 따라다니며 전도도 했습니다. 하루하루가 어찌나 즐겁고 기뻤는지 모릅니다. 제 몸도 이전처럼 건강해졌습니다.

하나님께서 여러 가지로 축복해주셨습니다. 보증금도 없이 월세 7만 원짜리 방에서 살던 저희 가족이 땅을 사게 되었습니다. 그리고 그 땅에 동네에서 제일 좋은 집을 지어 이사했습니다.

이제 네가 나를 도와라

공인중개사 시험을 보기 위해 학원에 등록했습니다. 그곳에서 정숙 씨를 만났습니다. 정숙 씨를 처음 봤을 때 아가씨인 줄 알았는데 알고 보니 초등학생 자녀를 둔 가정주부였습니다. 나이는 저보다 열 살 어렸고 말도 별로 없고 늘 혼자였습니다. 저는 맛있는 것을 준비해서 점심시간마다 같이 먹었습니다.

서로 친해지자 제가 만난 예수님과 교회 이야기를 들려주었습니다.

"시험 끝나면 교회 한번 나와."

시험이 끝나자 정숙 씨는 약속대로 딱 한 번 교회에 나왔습니다. 몇 주 후 시험결과가 나왔습니다. 정숙 씨도 떨어졌고 저도 2차에 떨어졌습니다. 남편이 부동산 중개업을 하고 있기에 저는 이 시험에 꼭 합격해야 했습니다.

'왜 떨어졌을까?'

시험이 떨어진 것도 우연이 아니라는 생각이 들었습니다.

'학원을 더 다녀야 할 이유가 있을 거야.'

정숙 씨가 떠올랐습니다. 정숙 씨에게 다시 한 번 복음을 전해야겠다고 생각했습니다. 정숙 씨 생각을 하니 시험에 떨어진 것도 별일 아닌 것처럼 느껴졌습니다. 학원에서 다시 정숙 씨를 만났습니다. 전보다 더 친해져 이번에는 저녁까지 함께 먹었습니다. 드디어 정숙 씨는 매주 교회에 나오게 되었습니다. 우리는 1년간 열심히 공부했고 둘 다 합격했습니다. 제자훈련도 같은 기수로 함께 공부했습니다. 정숙 씨는 믿음이 쑥쑥 자라서 새가족반 도우미와 유년부 주일학교 교사로 열심히 섬기고 있으며, 친정어머니와 동생도 전도했습니다.

　제자훈련을 받는 동안 매주 1명씩 전도해야 합니다. 만일 전도를 하지 못하면 벌금을 내야 했습니다. 돈도 아깝고 전도도 해야겠다는 생각이 들어 화요전도에 참여했습니다. 전도를 하다가 신활란 주부를 만났습니다. 아직 돌이 지나지 않은 아기를 키우고 있었습니다.

　"저희 외삼촌도 목사님이세요."

　그 말에 힘을 얻었습니다. 교회에 대해서도 우호적인 태도를 보였습니다. 목요일, 두부를 들고 다시 찾아갔더니 반기면서 얼른 문을 열어 주었습니다.

　이번에는 양금숙 권사님과 같이 방문했습니다. 김이랑 곰국, 밑반찬 등을 싸가지고 갔습니다. 아이 키우는 이야기며 남편 이야기를 허심탄회하게 나누다 보니 금세 친해졌습니다. 그리고 교회에도 나오게 되었습니다. 구역모임에 아기가 생기니 모두 서로 안아 주고 귀여워해 주었습니다. 그러나 아무래도 비슷한 연령대끼리 교제하는 것이 좋을 듯하여 다른 구역으로 보냈습니다. 그 후 아들 하나를 더 낳았고, 신앙생활도 열심히 하고 있습니다. 활란 씨처럼 화요전도 때 만난 사람이 또 있습니다. 김진희 씨입니다. 김진희 씨는 만난 지 두 달 만에 교회에 출석했습니다.

✚ 박의선악 할머니 이야기입니다.

"내가 꿈속에서 예수를 봤어."

박의선악 할머니는 꿈 이야기를 하시면서 교회에 잠시 나오신 적이 있습니다. 그러나 몇 년 동안 뵐 수가 없었습니다. 혹시나 해서 집을 찾아갔더니 몸이 많이 안 좋으셔서 누워 계셨습니다. 딸들 모두 시집보내고 아들하고 살고 계셨습니다. 점심때엔 아들이 차려놓은 밥을 쓸쓸히 혼자 드셨습니다.

저는 아주 맛있는 음식을 준비해서 할머니를 뵈러 갔습니다.

"에이그, 욕보는구먼. 늙은이를 이렇게 찾아와줘서 고마워."
"내가 왜 다니다 말았나 몰라. 후회가 많이 되네."

할머니는 마음 문을 활짝 여셨습니다. 복음을 다시 전해 드렸습니다.

할머니께서 거동이 불편하셔서 목사님을 모시고 세례식을 베풀기로 했습니다. 그런데 그날 할머니의 안색이 심상치 않았습니다. 입술은 검은색에 가까웠고 숨을 몰아쉬시며 힘들어하셨습니다.

"저 시커먼 것이 나를 막 누르네."

목사님께서 말씀을 전하시는 가운데 차츰 입술색도 정상으로 돌아왔고 세례를 받은 후 편안해하셨습니다.

"이제야 살 것 같네."

"우리의 씨름은 혈과 육을 상대하는 것이 아니요 통치자들과 권세들과 이 어둠의 세상 주관자들과 하늘에 있는 악의 영들을 상대함이라"(에베소서 6:12)

이 말씀이 옳다는 것을 직접 확인할 수 있었습니다.

✚ 김덕영 할아버지 이야기입니다.

김덕영 할아버지는 한국전쟁 때 부상을 입으신 후, 30년째 병원에 다니시는 분입니다. 할머니께서 병간호를 하고 계셨습니다.

"할머니, 교회 다니세요?"
"안 다녀. 하지만 우리 친척들 가운데 교회 다니는 사람은 있지."
"할아버지는요?"

할아버지께도 말을 걸었지만 통증이 심해 말씀도 제대로 못 하셨습니다. 그래도 복음은 꼭 전해야겠다는 생각이 들었습니다.

"할아버지! 하나님께서는 할아버지를 사랑하십니다. 그래서 예수님을 이 땅 가운데에 보내 주셨습니다. 예수님은 우리(할아버지) 죄 때문에 십자가에 달려 죽으셨다가 3일 만에 다시 살아나셨습니다. 누구든지 이 사실을 받아들이기만 하면 천국에 갈 수 있습니다. 할아버지도 예수님 믿고 나중에 천국에 가고 싶으시지요?"

할아버지는 그렇다며 고개를 끄덕이셨습니다. 다음 날 목사님을 모시고 세례식을 베풀었습니다.

전에는 한 번도 하나님을 아버지라고 부른 적도 없고 예수님에 대해서도 언급을 안 하셨던 분이 세례를 받고 난 후에는 가족들에게 찬송가를 불러 달라고 하셨답니다.

✚ 춘자 언니와 정자 언니 이야기입니다.

춘자 언니와 정자 언니는 사할린에서 살다가 한국으로 영구 귀국한 분들입니다. 이분들은 한 곳에 함께 거주하면서 관계를 돈독히 했고, 적십자단체의 관리를 받고 있었습니다. 이분들은 한국 명소를 두루 구경 다니는 것을 좋아하셨습니다. 그래서 이 사실을 목사님께 알리고, 경주를 구경시켜 드렸습니다. 수육과 떡도 대접했습니다.

그러나 이분들의 마음은 쉽게 열리지 않았습니다. 교회와는 담을 쌓고 있는 환경에서 살아오셨기 때문인 것 같았습니다.

이분들은 주로 미신을 숭배했습니다.

"예수? 난 안 믿어. 예수 믿고 세례인가 뭔가 받으면 교회에 돈을 갖다 바쳐야 한다며?"

함께 관광을 하면서 적어두었던 주소를 보고 일일이 찾아뵈었습니다. 두부를 가져다드리면 드시지 않고 다른 사람들에게 주곤 하셨습니다. 그래도 찾아갈 때마다 반기시며 맛있는 것들을 대접해주셨습니다. 저는 매주 찾아가 커피를 마시며 교제했습니다.

그리고 한국생활에 대해 궁금한 것들을 알려드리고, 병원에 가실 때에는 함께 가거나 통역을 해드렸습니다. 입원이라도 하시면 매일 찾아가 도와드렸습니다. 그랬더니 마음 문이 서서히 열려 세례도 받으시고, 매년 몇 분씩 전도도 하십니다.

"하나님, 부족한 저를 살리시고 이렇게 동역자로 삼으시니 감사합니다."

*****
한정순 권사는 최근 3년 동안 445명을 전도했고, 그중 40명이 세례를 받았다.

하나님은
살아 계십니다

방용원 안수집사(방용원 교구, 방용원 구역)

—

저는 가난한 농부의 가정에서 9남매 중 둘째 아들로 태어났습니다. 늘 배를 주린 상태였기에 "교회에 가면 먹을 것을 준다."라는 말에 교회에 다니게 되었습니다. 주일학교부터 시작해서 고등부까지 열심히 교회에 다녔습니다. 제가 할 일은 부모님과 형제들을 전도하는 것입니다. 고등부 수련회를 앞두고 특별 기도회를 하고 있을 때였습니다. 여름 장맛비가 세차게 쏟아졌습니다. 기도회를 마치니 새벽 1시쯤 되어 모두 교회에서 잠을 잤는데 비에 교회건물이 갑자기 '쿵' 하고 무너져 내렸습니다. 그러나 단 1명도 다친 사람이 없었습니다.

"하나님은 분명 살아 계시는구나."

저는 그때 하나님이 살아 계신다는 것을 확신했습니다. 확신이 생기니 가족에게 복음을 전하는 일이 두렵지 않았습니다. 결국 저희 가족 모두가 복음을 받아들였습니다.

아름다운 여성과 결혼을 했습니다. 그런데 아내는 아직 예수님을 몰랐습니다.

"전 교회 안 가요."
"십일조가 뭐예요? 왜 교회에 돈을 갖다 줘요?"

예기치 못한 갈등들도 있었습니다. 그러나 지금은 아내도 신앙생활을 잘하고 있고, 처갓집 식구들도 전도했습니다. 가족을 모두 전도했으니 제 할 일은 다했다 생각했습니다. 그리고 '이것이 복이구나' 생각했습니다.

2005년 6월, 진해 용원으로 이사 오면서 세계로교회를 다니게 되었습니다. 저는 깜짝 놀랐습니다. 이 교회의 키워드는 '섬김'과 '봉사'와 '전도'였습니다. 그리고 그것을 삶 속에서 실천하려고 저마다 애쓰는 모습을 보았습니다. 저의 신앙의 한계가 보였고, 스스로 쌓은 담들이 서서히 무너졌습니다. 하나님께서 무엇을 제일 기뻐하시는지를 알고 나니 제 안에 복음에 대한 열정이 뿜어 나오기 시작했습니다. 사역훈련을 마친 후 본격적으로 복음전도에 나섰습니다. 자비량으로 전도용품을 만들어 매주 토요일 오후에 거리전도를 다녔습니다.

"예수 믿으세요."

처음에는 사람들에게 다가가 말하는 것이 무척 창피했습니다.

"하나님, 저에게 용기를 주세요."
"하나님, 저를 도와주세요."

저는 주님을 알지 못하고 죽어가는 사람들을 향한 안타까운 마음에 기도를 하지 않을 수 없었습니다.

✚ 박윤규 씨 이야기입니다.
드디어 기회가 왔습니다. 사업상 필요한 컨테이너를 사러 갔다가 박윤규 씨를 만났습니다. 컨테이너를 구입하고 3개월간 계속 같이 식사도 하며 관계를 지속했습니다. 어느 수요일 오후 4시에 만나 저녁식사를 한 후 수요예배에 같이 가자고 했습니다. 그 이후로 박윤규 씨 가정을 모두 전도했고, 지금은 온 가족이 세례도 받고 신앙생활을 잘하고 있습니다. 또한 그 가정이 다른 가정도 전도했습니다.

➕ 박미순 씨 이야기입니다.

박미순 씨는 문구점에 들렀다가 만났습니다.

"교회에 갑시다."

이 말이 거슬리는 것 같지는 않았습니다. 세 번 정도 더 찾아갔습니다.

"교회에 갑시다."

갈 때마다 같은 말을 했습니다.

박미순 씨에겐 딸이 둘 있었고 남편은 중국에 가 있었습니다. 박미순 씨가 교회에 오면서 약 3년 정도 그 가정을 잘 보살펴 주었습니다. 박미순 씨는 신앙생활을 열심히 하며 지인들을 2, 3명 전도했고, 중국에서 돌아온 남편도 신앙생활을 하게 되었으며 2012년에 세례도 받았습니다.

✚ 변태일 형제 이야기입니다.

변태일 형제는 2006년 중고 자동차를 매매하다가 알게 되었습니다. 이 형제 역시 3년간 관계를 유지하며 끈질기게 전도한 결과 교회를 출석하게 되었습니다. 교회에 나온 지 3개월이 지나 세례도 받고 열심히 신앙생활을 하며 결혼도 했습니다. 변태일 형제를 전도하면서 전도를 하려면 얼마나 적극적이고 끈질겨야 하는지 실감했습니다.

✚ 서순복 씨 이야기입니다.

서순복 씨는 2007년 10월, 사무실 직원과 점심식사를 하러 갔다가 만났습니다. 그 후 순복 자매를 볼 때마다 "예수 믿으세요."라고 말했습니다. 2010년 11월, 드디어 순복 씨가 교회에 왔습니다. 이어 세례도 받았고, 현재는 주일예배와 구역모임 등을 꼭 참석하며 신앙생활을 열심히 하고 있습니다.

✝ 정지윤 씨 이야기입니다.

차를 매매하는 과정에서 정지윤 씨의 가족을 알게 되었습니다.

"교회에 갑시다."

반응이 좋았습니다. 그 후 음료수를 사들고 방문하거나 맛있는 점심식사를 대접했습니다.

그런데 다른 집사님께서 지윤 씨 아내와 장모님을 먼저 전도했습니다. 그러나 정작 지윤 씨는 좀처럼 마음 문을 열지 않았습니다.

"전 세례 안 받습니다. 조기축구 때문에 교회에 못 갑니다."
"세례 안 받아도 됩니다. 대신 세례문답이라도 한번 받아 보면 어때요?"

세례문답을 마친 후 목사님께서 물으셨습니다.

"정지윤 씨, 예수님을 구주로 영접하고 세례를 받겠습니까?"

지윤 씨는 아무 대답을 하지 않았습니다.

"정지윤 씨, 예수님을 구주로 영접하고 세례를 받겠습니까?"

역시 마찬가지였습니다. 지윤 씨는 입을 꽉 다문 채였습니다. 문답을 마치고 돌아오는 길에 저는 속이 많이 상했지만 기도밖에는 할 것이 없었습니다.

"지윤 씨가 조기축구를 해야 하기 때문에 세례를 못 받는다고 하니 집에 오면 뭐라고 하지 마시고 마음을 편하게 해주세요. 다음 하반기 세례식까지 기다리면서 같이 기도합시다."

'하나님, 정지윤 씨의 몸이 조금만 불편하게 되어 조기축구를 못 하게 해주세요.'
제가 어떻게 그런 기도를 했나 싶어 좀 미안한 마음이 들었습니다.
하나님은 저의 기도를 들어주셨습니다. 사실 이렇게까지 기도하고 싶지는 않았는데 말입니다. 토요일 새벽에 지윤 씨는 요도결석으로 응급실에 실려 갔습니다. 저는 그날 치료를 받고 집으로 돌아온 지윤 씨를 만나러 갔습니다.

"세례를 받기로 마음먹었습니다."

얼마나 감사한지 지윤 씨가 운영하는 돌침대 가게에서 280만 원짜리 침대를 하나 구입했습니다. 주일날, 온 가족의 축복 속에서 세례를 받았습니다.

하나님께서 지윤 씨를 변화시킨 것은 감사한 일입니다. 그런데 오른쪽 다리 인대가 늘어나 퇴원 후에도 축구와 같은 격렬한 운동을 하면 안 된답니다. 미안한 마음이 떠나질 않지만 하나님의 뜻과 계획이 있을 것이라고 생각합니다. 지윤 씨 부부는 신앙생활을 잘하고 있습니다.

✚ 안광봉 씨 이야기입니다.
집사람이 2개월 동안 이웃 가게를 도와주다가 직원 안광봉 씨를 알게 되었습니다. 안광봉 씨가 말했습니다.

"저희 이모님에게도 전도해주세요."

저는 아내와 함께 크고 좋은 수박을 사들고 여좌동 철길 옆 푹 꺼진 곳에 위치한 그의 집을 방문했습니다. 처음에 두 분 만 보였습니다.

"교회에 가시지요."
"네, 가지요."

그런데 이 방 저 방에서 다른 분들이 나오시는 게 아닙니 까. 그분들 모두가 교회에 가시겠다는 겁니다. 한 분은 휠체 어를 타셔야 하고, 나머지 세 분도 지팡이가 있어야 거동이 가능했습니다.
'이를 어쩐다. 교회버스가 이곳까지 들어올 수는 없을 텐데.'
장모님과 딸, 사위를 포함해서 모두 5명이 한 집에 살고 있 었습니다. 그런데 모두 중풍으로 허리 수술을 받으셨고 시에 서 지급되는 보조금으로 힘들게 살고 계셨습니다. 저는 고민 에 빠졌습니다.
'9인승 승합차라도 장만해서 이분들을 모시고 나올까?'
'요새 사업도 잘 안 되는데 보험비랑 기름 값은 어쩌지?'
'하나님은 내가 어떻게 하기를 원하실까?'

결국 저는 현실적인 어려움을 무시하고 그분들을 교회로 모시는 일에 우선순위를 두었습니다. 하나님께서는 제 마음을 다 읽으시고, 제 형편도 잘 아십니다. 제가 쏟아부은 것보다 훨씬 많게 채워주셨습니다.

이분들은 30년 동안이나 '대순진리회'에 속해 있었습니다. '대순진리회'가 기독교와 다른 점 가운데 하나는 수도를 통해 인간완성을 이루고자 애쓰는 것입니다. 그래서 값없이 부어주시는 하나님의 은혜를 이해한다는 것이 쉽지 않았을 겁니다. 그러나 모두 예수님을 만났습니다. 이어 그분들의 일가친척까지 모두 17명이 예수님을 믿고 세례도 받았습니다. 건강도 많이 좋아지셨습니다.

저는 자동차 매매업에 종사하는 사람입니다. 그래서 그 사업을 통해 많은 사람들을 만날 수 있었습니다. 1년에 평균 80명에서 100명을 전도합니다. 그 가운데에 외국인도 포함되어 있습니다. 중고 자동차를 사고 팔 때, 판 사람과 산 사람의 인적 사항을 기록합니다.

"좋은 차를 파셔서 감사합니다."

"불편한 점은 없으신지요? 혹시 고장 난 데가 있으면 수리해 드리겠습니다."

차를 판 사람에게나 차를 산 사람에게나 안부를 묻고 식사대접을 합니다.

"하나님, 제 사업장이 전도의 장이 되기를 원합니다."

*****

방용원 안수집사는 최근 3년 동안 280명을 전도했고, 그중 97명이 세례를 받았다.